ANÍBAL JOSÉ COUTINHO
com NEIL PENDOCK

GUIA POPULAR DE VINHOS 2021

Editorial PRESENÇA

FICHA TÉCNICA

Título Guia Popular de Vinhos 2021
Autor Aníbal Coutinho
Copyright © by Aníbal Coutinho e Editorial Presença, Lisboa, 2020
Revisão: Ricardo Batalheiro/Editorial Presença
Imagens da capa Shutterstock
Paginação Ana Seromenho
Impressão e acabamento Multitipo – Artes Gráficas, Lda.

1.ª edição, Lisboa, setembro, 2020
Depósito legal n.º 471 734/20

Reservados todos os direitos
para a língua portuguesa à
EDITORIAL PRESENÇA
Estrada das Palmeiras, 59
Queluz de Baixo
2730-132 BARCARENA

info@presenca.pt
www.presenca.pt

Índice

Dedicatória	7
Aníbal José Coutinho	9
Neil Pendock	11
Introdução – Aníbal José Coutinho	13
Introdução – Neil Pendock	15
Porquê entre 2 e 5 euros?	17
Porquê entre 5 e 10 euros?	18
Porquê entre 10 e 15 euros?	19
Os três zonamentos do Portugal vinhateiro	22
Castas à prova	25
Lista de compras para 2021	33
Seleção nacional	35
Pistas para uma boa maridagem	36
Como consultar este guia	38
VINHOS EFERVESCENTES	39
VINHOS TRANQUILOS	49
ATLÂNTICO DE PORTUGAL E ILHAS	49
MINHO E VINHO VERDE	50
BAIRRADA E BEIRA ATLÂNTICO	72
LISBOA	80
MONTANHA DE PORTUGAL	107
TRÁS-OS-MONTES	108
DOURO E TÁVORA-VAROSA	120

DÃO	140
BEIRA INTERIOR	161
SUL DE PORTUGAL	171
TEJO	172
PENÍNSULA DE SETÚBAL	190
ALENTEJO	211
ALGARVE	278
BAG-IN-BOX	287
VINHOS FORTIFICADOS	289
TOP 100: OS MELHORES ENTRE OS MELHORES	309

*Para o João e o Nuno,
jovens príncipes de aromas e sabores.*

Aníbal José Coutinho

Nascido em 1968, em Armação de Pêra, Algarve, casado, 2 filhos, licenciou-se em Engenharia Civil pelo Instituto Superior Técnico e é membro efetivo da Ordem dos Engenheiros há 30 anos. Fundou, após uma passagem pela Academia Militar, a IDOM Engenharia, empresa integrada num dos maiores grupos ibéricos de estudos e projetos. O gosto pelo vinho levou-o de novo à universidade, desta vez ao Instituto Superior de Agronomia, onde se especializou em Viticultura e Enologia, com Mestrado na mesma área. Em 2016, concluiu o programa de Doutoramento em Engenharia Alimentar, na vertente de Análise Sensorial, tendo já publicado parte do seu trabalho na revista científica americana *Journal of Sensory Studies* e no Anuário do Instituto da Vinha e do Vinho (IVV). É membro da comissão diretiva da Associação Portuguesa de Enologia, o grémio dos enólogos portugueses e é Especialista em Métodos de Análise da Organização Internacional da Vinha e do Vinho (OIV). É Diretor Executivo da Pós-Graduação em Wine Marketing no ISLA em Santarém, convidado para lecionar no Instituto Superior de Agronomia e no Instituto Superior de Administração e Gestão.

No final de 2002, começou a escrever sobre vinhos na revista *Evasões* e *Revista de Vinhos*. Desde então, intensificou o seu trabalho de crítica especializada, colaborando com o semanário *Sol*, com o *Diário de Notícias*, o *Jornal de Notícias*, com a rádio TSF, entre muitos outros títulos. Durante 2009, fez parte da *Hora de Baco*, programa televisivo dedicado ao vinho. Publica, desde 2005, duas seleções anuais de vinho: *Copo&Alma, Melhores Vinhos* e *Guia Popular de Vinhos* (Editorial Presença). O primeiro passou, em 2010, a ser exclusivamente digital, estando alojado em www.w-anibal.com. Juntamente com este portal de vinhos, entrega anualmente os Prémios W à fileira nacional do vinho e da vinha. É autor do guia sobre Portugal integrado na coleção internacional *TOP 10 Vinhos* da editora Dorling Kindersley. É jurado de vários concursos internacionais de vinho, como o Concours Mondial de Bruxelles, International Wine Challenge, Vinalies Internationales, Citadelles du Vin, Selections Mondiales Canada, Berliner Wein Trophy ou o Mundus Vini. Em Portugal, preside aos concursos regionais da Península de Setúbal e da Beira Interior, além do concurso nacional Uva de Ouro, no qual exerce a direção técnica. É também o Coordenador da Câmara de Provadores da CVR da Península de Setúbal. Detentor das marcas *Astronauta* e *Escondido*, como enólogo, já vinificou e assinou vinhos em Portugal, Espanha, França, Alemanha e África do Sul. Teve a honra de desenhar, para a Federação Portuguesa de Futebol, o vinho que celebra a conquista do Euro 2016, o maior feito do desporto nacional.

Entre várias colaborações como formador e consultor, destaca-se a função de Enólogo Consultor na Modelo Continente Hipermercados, que vem desempenhando há mais de uma década.

Tem na música outra atividade profissional, sendo membro efetivo do Coro Gulbenkian, desde 1998.

Neil Pendock

Doutorado em Matemática, Neil Pendock foi colunista de vinhos para o *The Sunday Times* durante mais de duas décadas e contribui para várias revistas de *lifestyle* sul-africanas e internacionais.

É autor de quatro livros sobre vinhos, *Sour Grapes* (Tafelberg, 2008), *The People's Guide* (Whisk, 2009, com Michael Olivier e Aníbal Coutinho), *The Good Value Diaries 2010* (Cuspidor, 2010) e *2009: Biography of a Vintage* (Cuspidor, 2010).

Foi durante dez anos jurado no Concours Mondial de Bruxelles e provador no Diners Club Winemaker of the Year Competition, no Orange River Winemaker of the Year Competition, no Classic Wine Trophy Show e no Absa Top Ten Pinotage Competition. Neil Pendock seleciona os vinhos comercializados na cadeia de supermercados Spar.

É dono de uma vinha, Lemoenfontein, em Swartland, e exporta o seu vinho para Portugal e Zâmbia.

Introdução
ANÍBAL JOSÉ COUTINHO

Novo Futuro com Ciência e Resiliência

2020 será lembrado, na nossa história coletiva, com memórias de dor, desespero, mas também de bravura e resiliência. O futuro será, seguramente, impactado pelo ano da pandemia. Hábitos culturais terão de mudar, a cidadania que caminhava no sentido da individualidade fará inversão de marcha por políticas públicas – económicas, ambientais, sanitárias, educativas, científicas – que fortaleçam a comunidade e a responsabilidade coletiva. O novo futuro não irá tolerar as desigualdades sociais, quaisquer racismos e violências de género, os extremismos religiosos, os políticos do espetáculo e as nações-reinos. Cuidaremos uns dos outros, como folhas e frutos da mesma vinha. A vinha secará, não haverá frutos, as sementes de novas plantas não vingarão, a vida definhará no futuro que 2019 perspetivava. O novo futuro pertence à ciência e à comunidade.

Entre tantas funções que exerço na fileira nacional do vinho, as de analista sensorial e escritor geram, como resultado anual, a proposta de vinhos com boas provas (cegas), que os consumidores podem adquirir no retalho especializado ou nas lojas multiproduto. A compra de vinhos nos supermercados é, em Portugal e por toda a Europa, a escolha maioritária para os consumidores. As gamas de vinhos são vastas e respondem a todas as funções públicas e privadas na nossa vida. O que sobra em variedade, falta em disponibilidade de tempo. Andamos a mil. Somos estimulados por informação como nunca: anónima, acessível, falsa ou não, sem contraditório. Referenciamos as nossas escolhas em poucos profissionais e muitos opinadores informais das nossas redes sociais (físicas e digitais), em *youtubers*, *bloggers*, copistas de revistas e jornais cada vez mais genéricos. O *Guia Popular de Vinhos*, na maré vazia de outros títulos especializados, apresenta anualmente uma seleção de várias tipologias de vinho, elaborada por profissionais, com métodos de prova sensorial totalmente cegos a outros interesses que não a qualidade percebida pelos dois provadores-autores.

Nesta seleção anual, eu e o Neil Pendock tentamos descobrir, em prova-cega, a excelência a baixo preço, de 2 a 15 euros. A experiência acumulada leva-nos a aguardar este feliz acontecimento com as melhores expectativas. Os vinhos que colocamos num carrinho de compras estão cada vez melhores. Entre espumantes de acolhimento ou celebração, passando pelos essenciais vinhos tranquilos que acompanham todos os tipos de refeição, até aos licorosos com que harmonizamos as sobremesas ou bebericamos quando um brinde é gostoso; cruzamos estas tipologias com as 3 cores – branco, tinto, rosé – e com os mais diversos estilos e estágios, polvilhamos milhares de marcas fantasistas ou com a restrição de uvas provenientes de Quintas ou Herdades das 14 regiões vinhateiras de Portugal (12 no continente e 2 nas ilhas) e balizamos a enorme oferta resultante ao nosso orçamento, à ocasião de consumo ou à promoção atrativa. Complexo? Nós queremos ajudar.

Reserve um espaço no carrinho de compras do seu supermercado de eleição e, com a ajuda do *Guia Popular de Vinhos*, escolha e prove bons vinhos, de norte a sul de Portugal, país múltiplo de cores, aromas e sabores no estado líquido.

Neste ano memorável e desafiante, a toda a fileira do vinho nacional presto a minha homenagem: à resiliência, à dedicação, à sagacidade e inteligência dos seus milhares de representantes, homens e mulheres que amam os seus vinhos e vinhedos, honrando os antepassados e a nossa história coletiva. O futuro será muito diferente, para melhor.

Introdução
NEIL PENDOCK

A diferença que um ano faz!

A primeira baixa foi a prova *en primeur* dos vinhos de Bordéus no final de março, cancelada quando o confinamento motivado pelo vírus trancou em casa primeiro a Europa e depois o resto do mundo. Não pude fazer as provas de vinho que faço todos os anos nas várias denominações de origem em Portugal, devido às restrições que foram impostas às viagens internacionais. Sendo a Cidade do Cabo agora a capital do corona em África, um adiamento durante este ano ficou fora de questão.

Embora Bordéus tenha a força das relações públicas e a solidez financeira necessárias para organizar provas virtuais *online*, a minha ligação aos vinhos portugueses ficou reduzida a olhar para as garrafas no supermercado da cadeia Shoprite Checkers que há perto de minha casa, e que disponibiliza várias marcas, sobretudo do Alentejo e do Douro, juntamente com mais meia dúzia de vinhos verdes.

E digo «olhar» em vez de «comprar» ou «provar» porque, durante os primeiros meses do confinamento que foi imposto na África do Sul, para combater a disseminação do vírus, a venda de álcool foi proibida por ser um bem «não essencial». Passados quatro meses, a venda de tabaco ainda é ilegal. Ambas as restrições seriam impensáveis em Portugal.

A venda de vinho voltou a ser permitida em junho, mas apenas de segunda a quinta-feira. Esta restrição perturba tremendamente a distribuição. Porém, os vários contactos que tenho nas redes sociais permitem-me acompanhar o fervilhante panorama vinícola em Portugal, onde têm sido feitos lançamentos frequentes de novos vinhos. Guardando uma distância social de dez mil quilómetros...

O novo normal tem sido prova da grande mudança operada no setor dos vinhos portugueses ao longo da década que passou, desde que lançámos o nosso *Guia Popular de Vinhos*. Nessa altura, o Mateus Rosé era provavelmente o único vinho português que se encontrava à venda na África do Sul, além de alguns Portos e Madeiras muito dispendiosos. Este facto era estranho, tendo em conta as várias centenas de milhares de portugueses que vivem na África do Sul.

Com os seus dois mil anos de história, o tesouro cultural do vinho português tem vindo a passar por grandes mudanças. As castas vêm agora identificadas nos rótulos vivos e coloridos, com um *design* moderno e tradução para inglês. Alguns vinhos são até fechados com tampa de rosca, um tipo de selagem utilizada especificamente para os mercados de exportação.

Os vinhos portugueses, as sardinhas em lata, e o azeite estão a tornar-se populares nos supermercados Shoprite Checkers, o maior retalhista em África. Os restaurantes Nando's, nascidos nos subúrbios da zona meridional de Joanesburgo, levam agora a bandeira da cozinha e da cultura portuguesas para todo o mundo.

O programa de residência intitulado Vistos Gold levou muitos sul-africanos a comprar propriedades em Portugal. As nossas revistas dedicadas a estilos de vida estão cheias de fotografias de campos de golfe no Algarve e de apartamentos para venda em Sintra. Os voos oferecidos a preços reduzidos pela transportadora aérea angolana TAAG, que saem de Luanda para Lisboa e Porto, servem vinhos a bordo. Vasco da Gama aprovaria, seguramente.

Portanto, apesar de o vírus poder ter reduzido o nosso mundo a cidades isoladas, cheias de habitantes nervosos, tal como na época de Bartolomeu Dias e Vasco da Gama, o fruto da vinha é um forte antídoto que confirma a irmandade partilhada que se estabelece entre todos aqueles que apreciam boa comida, um bom vinho, e uma boa diversão. A atual fase de isolamento passará e muitos vinhos tintos que se encontram agora a amadurecer calmamente nas quintas que pontilham Portugal estarão prontos para nos receber no ano que vem.

Porquê entre 2 e 5 euros?

O vinho é um produto com várias facetas. Em tempos remotos, de guerras, pestes e pouca tecnologia, o vinho era consumido para saciar as necessidades de água. Durante o Estado Novo, serviu de alimento, satisfazendo necessidades energéticas e nutricionais, mas provocando um consumo exagerado e criando um consumidor compulsivo e pouco exigente. Hoje, o vinho tem nova imagem: é um produto orgulhosamente português, com peso na economia nacional e com uma função aspiracional típica de um artigo de luxo. Esta nova imagem do sector e do produto deve ser acompanhada por uma credibilização do seu preço. Ao selecionar vinhos que se encontram nas prateleiras da moderna distribuição, alvos de uma aquisição continuada, o seu preço de venda mais elevado deve refletir o nível de vida português e a sua inclusão numa dieta alimentar equilibrada. O preço máximo de 5 euros possibilita uma escolha muito ampla e uma qualidade boa, por vezes muito boa. Trata-se de um valor que permite ao produtor entrar em pormenores de produção, quer na vinha quer na adega, que podem justificar um mimo na qualidade do produto e a consequente fidelização do consumidor.

A justificação da fasquia baixa dos 2 euros prende-se, justamente, com a dignificação do vinho como produto de qualidade e do produtor como empresário. Se pensarmos que são necessários mais de um quilo de uvas (sãs!) por cada garrafa, que é preciso vinificar essas uvas, estabilizar e conservar o vinho novo, filtrá-lo e engarrafá-lo, pagar a garrafa, a rolha, a cápsula, os rótulos e a caixa, a paletização, a distribuição, a comunicação e (algo que temos todos que valorizar) o lucro do produtor, o consumidor não tem a qualidade mínima do produto garantida abaixo de 2 euros.

Ajude a dignificar o vinho e a produção nacional: não compre vinho engarrafado abaixo de 2 euros!

Porquê entre 5 e 10 euros?

Este é o intervalo que deveria albergar a maioria do vinho nacional.

O vinho é um produto alimentar muito especial. Talvez o único que abrange as duas funções pelas quais se rege qualquer sociedade moderna: a utilidade e a aspiração. O consumidor busca o vinho por utilidade quando pretende ingerir um alimento líquido, sentir o bem-estar e a evasão que o álcool provoca, pontuar um momento ou uma ação, acompanhar a sua refeição, cozinhar, colaborar preventivamente na melhoria de vários aspetos da sua saúde. De um modo geral, qualquer vinho satisfaz todas as necessidades enumeradas. Quer isto dizer que, para as funções de utilidade, o perfil de vinho é anónimo, de preço baixo; um vinho corrente, de grande volume, que justifique um alto rendimento das vinhas e, portanto, o recurso dominante a vinhas novas e de alta tecnologia. Não somos um país com estas características; não podemos competir em preço com os países eno-tecnológicos como o Chile, a Argentina ou a Austrália. Infelizmente, é nesse negócio ruinoso que estamos metidos, cá dentro e lá fora.

O vinho cumpre a função aspiracional quando o consumidor quer ser reconhecido entre os seus pares, quando serve como marca de estatuto, quando se torna num valor de investimento e a sua guarda deve ser segura ou, se for reconhecido como um produto exclusivo, disputado e de altíssima qualidade, passível de colecionismo. Neste caso, o perfil do vinho remete para uma peça de artesanato, de limitada produção, elaborado com capacidade de guarda, um vinho de ampla estrutura e complexidade, diferente, surpreendente. Busca-se vinhas de muito baixo rendimento e de grande concentração; estamos claramente no domínio de vinhas velhas, da pequena propriedade, em suma, estamos em Portugal. Ao consumir vinhos neste intervalo, contribuirá para a melhoria da qualidade e da estabilidade da fileira do vinho nacional e o seu prazer será redobrado. Por encontrar uma excelente oferta de vinhos a este preço na moderna distribuição, decidi selecionar e propor-lhe as minhas melhores provas.

Porquê entre 10 e 15 euros?

Num futuro próximo e sustentável, este é o intervalo que deverá albergar a melhor qualidade do vinho nacional, em produções com volume para supermercado. As grandes superfícies são gestoras de espaços multiproduto e colocam nas suas prateleiras marcas que são oferecidas a um determinado preço de custo. A determinação do preço de venda é decisão da insígnia da distribuição moderna, no caso das marcas brancas dos supermercados (em comparação com o preço da concorrência), mas é uma decisão maioritária dos fornecedores, no caso das marcas de vinhos que são propriedade do produtor. Todos os vinhos, quer sejam de marcas exclusivas (ou brancas), ou de marcas do produtor que englobem uma campanha promocional forte, devem ter uma qualidade alinhada com o preço original: cabe à cadeia de distribuição alimentar testar antecipadamente cada vinho no seu departamento técnico para garantir essa qualidade, rejeitando todas as propostas incumpridoras. Os testes podem (e devem) passar por uma prova cega em que se compara a qualidade de uma determinada proposta com vinhos conhecidos no mercado com um preço (sem desconto) similar. Mas a prova mais importante é a atribuição de uma nota, também em prova cega, que compare com o preço europeu de vinhos classificados com a mesma nota, pelos mesmos provadores. Creio que este teste foi decisivo para o aumento do preço médio de venda do vinho nacional nos supermercados. Este aumento do preço final, mesmo considerando as promoções, começa a criar uma nova (e mais nivelada) percepção do valor justo do vinho Português, subavaliado pelo consumidor nacional. A repercussão desta subida de preço de venda no preço de compra ao produtor também já se faz sentir. Os preços que este *Guia Popular de Vinhos* apresenta são os originais, sem descontos. A subida dos preços para o posicionamento justo e europeu dos vinhos nacionais justificou, pela primeira vez, a inclusão do escalão dos vinhos de 10 a 15 euros.

Terroirs de Portugal

Terroirs de Portugal ■ Regiões Vinhateiras

Os três zonamentos de Portugal vinhateiro

Continuo a pensar que a melhor e mais nobre forma de retribuir o enorme carinho e o constante apoio que recebo de toda a fileira nacional do vinho é a introdução fundamentada de pistas de reflexão sobre o futuro desta importante atividade económica. Ao longo dos últimos anos, propus algumas medidas de revisão da arquitetura das nossas regiões vinhateiras, em função de algo tão grandioso como inegável: a vontade da natureza e o seu impacto no gosto do vinho que, acredito, em Portugal se resume a três terrunhos: ATLÂNTICO (da frescura e leveza, integrando Minho, Beira Atlântico e Lisboa), MONTANHA (da concentração, integrando Trás-os-Montes, Douro, Távora-Varosa, Dão e Beira Interior) e SUL (da macieza e doçura, integrando Tejo, Alentejo, Península de Setúbal e Algarve).

Este ano, com o apoio de resultados científicos da minha tese de doutoramento, cujo resumo está publicado no *Anuário Vinhos e Aguardentes* do Instituto da Vinha e do Vinho, posso afirmar que, de acordo com o painel de 20 especialistas nacionais consultados, os vinhos de Portugal estão sob a influência de três grandes terrunhos, ou *terroirs*, que dividem o país em outras tantas zonas, com algumas subzonas.

Atlântico de Portugal e Ilhas

Esta zona é regida pelo clima atlântico. A elevada humidade e precipitação e as menores amplitudes térmicas influenciam decisivamente o ano vitícola. Os solos têm a maior percentagem de areia devido aos estuários dos rios e aos sistemas dunares. Estamos na zona de maior fertilidade dos solos, das hortas e da produtividade. É uma região com grande heterogeneidade de variedades (castas) de uva, mas todas elas amadurecem com maior dificuldade. Basta lembrarmo-nos de um vinho minhoto ou da Beira Litoral: excelentes na acidez natural, desafiantes na boca enquanto jovens. A evolução em garrafa destes vinhos é excelente. Os vinhos do Atlântico têm um enorme espectro de combinação com a nossa gastronomia tradicional devido, justamente, à sua acidez elevada e à juventude dos seus taninos, que se combinam com facilidade com as proteínas da comida. Pessoalmente, acho que é a zona de eleição para a elaboração de vinhos brancos e rosados, pela sua frescura, longevidade e vocação gastronómica. Vale a pena referir que Bucelas é o berço da casta Arinto, conhecida como Pedernã no Minho. Outro destaque vai para a nobre minhota Alvarinho, casta rainha entre os vinhos brancos de grande longevidade, provavelmente aparentada com a alemã Riesling, tal como a Arinto. A região atlântica tem uma barreira montanhosa que delimita o anfiteatro voltado para o oceano. No Minho – região vinhateira com maior tipicidade sensorial entre todas as regiões portuguesas, constituindo, por si só, uma subzona de influência atlântica estreme – são as serras da Peneda, Cabreira, Marão; nas Beiras, a influência atlântica, presente na Beira Litoral, esbarra com o Caramulo, o Buçaco e a serra da Lousã; a região de Lisboa é limitada pelo conjunto Aires-Candeeiros e Montejunto. As regiões de vinho do *terroir* Atlântico são o Minho, a Beira Atlântico e Lisboa. Também os nossos vinhos das ilhas se englobam no perfil Atlântico.

Montanha de Portugal

Sob influência continental extrema, aqui se registam as maiores amplitudes térmicas do país. Sobre Trás-os-Montes escreveu Miguel Torga: «Terra-Quente e Terra-Fria. Léguas e léguas de chão raivoso, contorcido, queimado por um sol de fogo ou por um frio de neve.» Englobada no zonamento da Montanha, encontra-se a denominação de origem Douro, a mais afamada da nossa terra. Estamos no domínio dos vales profundos com a presença fluvial do Cávado, do Douro e, mais abaixo, do Côa, do Távora-Varosa, do Dão, do Mondego e do Zêzere, porque se inclui Trás-os-Montes, a pequena Távora-Varosa, o Dão e a Beira Interior, com vastas zonas planálticas de altitude. Aqui, o Homem submete-se às penas da viticultura de encosta, tendo sublimado a sua arte nos socalcos do Douro, património mundial desde 2001. Esta é a região da Touriga-Nacional, da Tinta-Roriz (que no Sul se denomina Aragonez), da Tinta-Amarela (ou Trincadeira), das Tourigas Franca e Nacional, do Bastardo e do Rufete. As castas brancas Gouveio, Malvasia-Fina, Síria (ou Roupeiro) e Códega de Larinho também são comuns. A encosta dá origem a trabalhos totalmente manuais e a menores produtividades que geram vinhos naturalmente concentrados, de grande profundidade e elegância. Diz-se, com acerto, destes vinhos de Montanha, que «primeiro se estranha e depois se entranha». São vinhos originados nos solos pobres de granito e xisto e destinados às mesas nacionais e internacionais mais exigentes. As Indicações Geográficas de vinho do *terroir* Montanha são (Regional) Duriense, Transmontano, Terras de Císter, Terras do Dão e Terras da Beira.

Sul de Portugal

No grande Sul, está a preferência de um em cada dois consumidores portugueses quando selecionam uma garrafa. De facto, o Alentejo (última das grandes regiões portuguesas a despertar para o vinho) é o líder incontestado do mercado interno. Além do grande «Mar Interior», como lhe chamava José Saramago, sob a influência deste *terroir* mediterrânico continental, seco e soalheiro, que amadurece facilmente a uva, com planuras que facilitam a mecanização e a irrigação dos solos argilo-calcários ou arenosos pobres, encontram-se também o Tejo, o Algarve e a Península de Setúbal, região protegida da brisa atlântica pelo maciço da Arrábida. O grande Sul tem a maior homogeneidade de castas, com o domínio de Castelão, Aragonez e Trincadeira, nas castas tintas, e Roupeiro, Antão-Vaz e Fernão-Pires (designada por Maria-Gomes na Bairrada, de onde é originária) nas brancas. Também é comum a boa adaptação das castas internacionais, sobretudo Cabernet Sauvignon, Alicante Bouschet, Syrah e as brancas Chardonnay e Viognier. Aqui se faz o grande volume frutado e gostoso, os vinhos fáceis e redondos e aromaticamente expressivos, tão ao estilo do Novo Mundo e do consumidor internacional. O Sul pode e deve competir lá fora nesse segmento de vinhos que já lhe deram a liderança do consumo interno, tendo como vantagem competitiva o facto de ser uma região europeia.

Castas à prova

Breve descrição sensorial das castas mais representativas

PORTUGUESAS

Antão-Vaz
No final do século XIX, a localização desta casta branca estava limitada aos concelhos de Cuba, Évora, Portel e Vidigueira, de onde será originária. Tem similitude genética com a casta Cayetana da Extremadura espanhola. Segundo o enólogo Paulo Laureano, os vinhos produzidos com a casta Antão--Vaz têm cor citrina e um aroma de intensidade média, mas com *finesse* e complexidade. Destacam-se as cascas cítricas e a fruta tropical madura. Na boca, nota-se a elevada estrutura da casta medianamente ácida.

Arinto (Pedernã)
Casta branca disseminada por todo o país, conhecida na região dos Vinhos Verdes por Pedernã. De abrolhamento e maturação a meio da época, tem uma acidez natural elevada. Muito afamada em Bucelas, de onde será originária, esta casta é descrita aromaticamente por riqueza cítrica, ligeiro floral e frutos tropicais intensos, sobretudo ananás.

Alfrocheiro
Os estudos genéticos apontam para o Dão como a origem inicial desta casta tinta, com média disseminação em Portugal. No entanto, o nome de Tinta Francesa, como era designada na região de Viseu, parece localizar-lhe o berço fora do nosso país. Muito floral, com morangos e muitos bagos vermelhos. Tem elevada capacidade corante e é valorizado o bom equilíbrio entre os seus ácidos e o açúcar que dará o álcool.

Baga
Casta tinta muito importante nas Beiras, sobretudo para a Denominação de Origem Bairrada, tem um ciclo de maturação tardio, o que a penaliza quando é colhida antes do ponto ótimo devido às frequentes chuvas de setembro. Aromaticamente nota-se um fumado varietal, por vezes reconhecido como notas de madeira, café torrado, doçura de frutos vermelhos e cereja, ligeiro mel e floral. Estudos recentes confirmam que, apesar de ser dominante na Beira Litoral, a Baga é originária da região do Dão.

Castelão (João de Santarém e, antes, conhecida por Periquita)
A casta tinta dominante a sul do Tejo e na região de Lisboa, onde é conhecida por João de Santarém, ocupa mais de metade do encepamento da Península de Setúbal, seu presumível local de origem. Muito produtiva e com acidez mais elevada do que outras variedades como Aragonez e Trincadeira, é caracterizada por descritores aromáticos como cereja, bolota, pinhão, groselha, framboesa.

Encruzado
Casta autóctone do Dão, com disseminação no vizinho Douro, com pouca capacidade corante e elevado poder antioxidante que a define como autora de brancos de guarda. A fruta branca de pomar, semelhante a Chardonnay, partilha a liderança com notas herbáceas. A boca é estruturada, amarga quando jovem, com boa acidez e álcool leve a moderado.

Fernão-Pires (Maria-Gomes)
Uma das castas brancas mais disseminadas por todo o país. Oriunda da Beira Litoral, onde é conhecida por Maria-Gomes. Tem um nível percetível de compostos aromáticos varietais (terpenos) apenas ultrapassado pela inimitável Moscatel. Parca de acidez, é descrita sensorialmente com notas de rosa, tília, líchias, manjerico e outras ervas limonadas.

Loureiro
É a casta mais aromática da região dos Vinhos Verdes, devido ao seu carácter terpénico, de flores e frutos tropicais. Enraizada há muitos séculos na região, e embaixadora da sub-região do rio Lima, produz vinhos de grande versatilidade, desde os mais leves e irreverentes até aos gastronómicos de maior concentração e estrutura.

Negra-Mole

Uma das castas tintas exclusivas do sul de Portugal, mais propriamente do Algarve, é a Negra-Mole. O estudo desta casta revelou-se muito interessante, pois confirmou que se trata de uma das mais ancestrais variedades locais de vinha, com uma variabilidade genética que é três vezes superior a castas como a Touriga-Franca no Douro, ou a Aragonez no Alentejo. Esta antiguidade pode relacionar-se com a povoação da ilha da Madeira, onde foram plantadas varas continentais, originando a variedade-base para o vinho da ilha, chamada Tinta Negra, apesar da similitude genética desta casta com a variedade Molar, originária da região de Lisboa.

Síria (Roupeiro)

É a casta branca que domina em Portugal. Originária da Beira Interior, é conhecida como Roupeiro no sul de Portugal. Sensível à oxidação. Infelizmente, muito pouco estudada do ponto de vista sensorial, os descritores aromáticos mais encontrados referem frutos maduros como a ameixa branca, melão, fruto tropical, erva cortada.

Tinta-Barroca

Muito implantada no vale do Douro, tem um aroma floral que faz lembrar a Touriga-Nacional, ou não tivesse sido resultado de um cruzamento natural da Touriga com Marufo, outra casta regional. Não se sabe quando chegou à África do Sul, onde é muito usada para elaborar vinhos doces ao estilo do vinho do Porto, sendo lá conhecida como Tinta Barroca.

Tinto-Cão

Em 1875, escreveu o Visconde de Vila Maior que «a Tinto-Cão é casta muito antiga no Douro, e merece um dos primeiros lugares entre as que se cultivam em Portugal; amadurece bem, não seca, nem apodrece, e, ainda que não seja de muita produção, dá um vinho muito coberto, forte e generoso.» Uma das cinco castas tintas nobres para o Douro, revela aromas frescos e mentolados, bagos negros e resinas.

Touriga-Franca

No Douro, é uma das castas tintas mais plantadas, servindo de base ao vinho do Porto. Dá origem a vinhos com intensidade corante e bons taninos. São referidos no aroma os descritores florais (rosas), frutos silvestres e amora, cereja preta, especiarias, esteva, notas herbáceas e lenhosas. A sua pequena variabilidade genética indica que se trata de uma casta introduzida, provavelmente, no arranque do século XX, tendo resultado de um cruzamento de Touriga Nacional com outra variedade regional.

Touriga-Nacional [Touriga-Portuguesa]

A casta tinta portuguesa com mais procura internacional. A característica mais assinalável é a quantidade de compostos aromáticos varietais, superior à da maioria das castas brancas. Por isso, reveste-se de um reconhecido carácter floral. Os descritores mais característicos são violeta, bergamota, licor de ameixa, passa de uva, frutos silvestres e esteva. Muito importante para a elaboração do vinho do Porto, pensava-se que a sua origem estaria algures no Douro, mas a maior amplitude genética desta casta foi localizada numa povoação do Dão chamada Tourigo, o provável berço da Touriga-Nacional. Senhores governantes: Esta casta deveria chamar-se Touriga-Portuguesa!

Trincadeira (Tinta-Amarela)

Casta tinta amplamente disseminada no país, designada por Tinta-Amarela no Douro, e ainda por confirmar a similitude genética com a minhota Espadeiro. Parece que será originária da região de Lisboa, mas é no Alentejo que encontra a sua maior expressão. Não é particularmente rica em matéria corante, e atribuem-lhe aromas de gerânio, floral, pimento, vegetal, herbáceo, resina, especiaria, amora e frutos vermelhos. Muito importante e disseminada na região de Trás-os-Montes.

INTERNACIONAIS

Alicante Bouschet

Casta tintureira (com matéria corante na polpa), derivou de um cruzamento francês da desaparecida Petit Bouschet com Grenache. Muito produtiva e considerada casta de lote para dar cor e taninos no sul de França, conhece um enquadramento qualitativo ímpar no Alentejo. Pouco estudada, os descritores aromáticos mais frequentes são os frutos silvestres, azeitona, vegetais, mentol, eucalipto e cacau.

Alvarinho

Aparentada com a casta branca Riesling, pode ter sido introduzida na Galiza pelos monges de Cluny. É uma das variedades menos produtivas do mundo. É uma casta de ciclo curto, amadurecendo precocemente. Possui maior intensidade e qualidade da cor, aroma intenso a frutos cítricos, como a toranja, e carácter gustativo com maior doçura, calor, estrutura, equilíbrio e persistência. Atribuem-se notações de frutos de árvore, sobretudo maçãs e pera.

Cabernet Sauvignon

Casta tinta de reconhecimento mundial e grande responsável pelo gosto do consumidor internacional. Apresenta intensas notas de groselha negra e pimentos verdes. Também se referem cedro, violeta, couro e caixa de charutos. Na boca, é notada a sua boa estrutura de taninos. É a mais importante casta do Médoc bordalês. Um estudo genético recente aponta como origem o cruzamento entre Sauvignon Blanc e Cabernet Franc, esta última muito mais apimentada. Resistente a pragas e doenças, tem uma maturação tardia. Aclimatada ao sul de Portugal.

Chardonnay

Base branca da reputação de Champanhe e da Borgonha, especialmente na afamada região de Chablis. Muito manuseável na adega, tem uma delicadeza de aromas que dificulta o loteamento sem se despersonalizar. A notação mais recorrente é de noz e avelã. Também se refere maçã, pera, limão, pêssego e frutos tropicais. Assume notações amanteigadas, tem equilíbrio e untuosidade naturais e intensa mineralidade.

Grenache (Garnacha)

Número um mundial em área plantada, sem a personalidade de outras castas tintas, é usada para rosé e nos lotes de várias regiões como Châteauneuf-du--Pape, Rioja e Catalunha. Parca de cor e com tendência para a oxidação, a casta é conhecida pelos seus aromas de banana, torrefação, frutos vermelhos compotados, ranço, caramelo e frutos secos.

Malvasia-Fina

O grupo das Malvasias tem referências seculares, pensando-se que a casta é, provavelmente, originária de Monemvasia, na Grécia, tendo daí navegado até à ilha da Madeira, onde existe a Malvasia e em que a variante Malvasia-Fina é conhecida por Boal. No continente, a Malvasia-Fina encontra raízes mais profundas no Douro. Na Madeira, revela intensidade floral e notas de limão fresco. Também se referem ceras, damasco e fruto tropical.

Merlot

É a casta tinta mais plantada em Bordéus, base dos míticos vinhos de Saint--Émilion e Pomerol, como o Château Petrus. Na margem sul, tem uma participação importante no lote com Cabernet Sauvignon e Cabernet Franc. Amadurece mais cedo do que os Cabernets, sendo uma casta de segurança no caso de aparecer a chuva. Tem um perfil herbáceo que torna crítica a vindima em condições ótimas de maturação. Fácil de beber, é identificada com aromas de cereja, ameixa, pimentos verdes, hortelã-pimenta, azeitona verde e especiarias.

Moscatel-Galego

Há várias variedades de Moscatel no mundo, todas elas com a mais importante concentração de compostos (terpénicos) aromáticos varietais. Esta variedade branca, que em França se apelida Muscat à Petits Grains, domina no Douro, enquanto no Sul se implanta a Moscatel-Graúdo, também conhecida como Moscatel de Setúbal. Os aromas típicos são bem conhecidos: casca e flor de citrinos, mel, tília, rosa, líchias, feno e passa de uva.

Moscatel-Graúdo

Há várias variedades de Moscatel no mundo, todas elas com a mais importante concentração de compostos (terpénicos) aromáticos varietais. Esta variedade branca, que em França se apelida Muscat d'Alexandrie, domina a sul, enquanto a norte se implanta a Moscatel-Galego. Os aromas típicos são bem conhecidos: casca e flor de citrinos, mel, tília, rosa, líchias, feno e passa de uva.

Pinot Noir

Base tinta da reputação da Borgonha e de Champanhe, é a casta preferida de Miles e Maya no filme *Sideways*. Os romanos apelidavam-na de Helvenacia Minor. A sua disseminação originou um concurso mundial exclusivo para Pinot Noir. Tem um abrolhamento precoce, o que a torna muito suscetível à geada primaveril. Parece que consegue extrair magnificamente o gosto do *terroir*, com aromas minerais e de vegetação. Acresce frutos vermelhos, cereja preta, especiarias como canela, açafrão, mentas, tomate maduro, cogumelos e estábulo. Destaca-se pela textura muito aveludada, como seda.

Riesling

Rainha do frio, natural da Alsácia, esta é uma das castas mais resistentes a geadas, tão frequentes nos países setentrionais. Amadurece muito lentamente e padece com o calor extremo e com o oídio. Contrariando os resultados diferenciados da genética, acredito que os cruzados da Europa Central a trouxeram (ou a um seu descendente) para a nossa terra, onde se cruzou com as locais, parindo Arinto e Alvarinho. Em vinho novo, perfuma-se de ananás. Ao envelhecer, amplifica um aroma apetrolado, devido ao teor da molécula do hidrocarboneto TDN.

Sauvignon Blanc

Casta característica do vale da Lorena (Loire) e da região bordalesa de Graves. Na primeira, está na base dos vinhos frescos de Sancerre e de Poilly-Fumé; na segunda, entra no lote dos famosos vinhos doces de Sauternes e de Monbazillac, feitos com a benfeitoria do fungo *Botrytis cinerea*. Nos Estados Unidos, também é conhecida por Fumé Blanc. Rica em acidez natural, os seus descritores aromáticos mais conhecidos são ervas limonadas, pederneira, espargos, azeitonas verdes, pimentos, groselha branca, toranja, mineral e «chichi de gato».

Syrah (Shiraz)

Casta tinta característica das encostas do Ródano (Côtes du Rhône), França, onde produz os afamados vinhos de Côte-Rôtie e de Hermitage, nome pelo qual também é localmente conhecida. No Novo Mundo, é apelidada de Shiraz. Textos referem que é uma das mais antigas castas do mundo, com origens na antiga Pérsia. Apesar de uma floração tardia, tem um amadurecimento ótimo a meio da época. Muito corada. Aromaticamente descrita com frutos negros, fumo, musgo, terra e trufas, pimentas, tomilho, sândalo e couro.

Aragonez (Tinta-Roriz) [Tempranilho]

No norte e centro de Portugal designa-se por Tinta-Roriz. Em Espanha, chama-se *Tempranillo* e criou as primeiras raízes mundiais entre Navarra e Rioja, tendo como progenitores a branca Torrontez e uma tinta de Aragão: daí ser conhecida, entre tantas outras sinonímias, por Tinta Aragonesa no país vizinho e Aragonez no sul de Portugal. Os aromas mais referidos são a ameixa, a passa de ameixa, os frutos vermelhos, compotas e cânfora. Em Espanha, refere-se o alcaçuz, a banana e a rosa.

Verdelho
Ainda por confirmar a similitude genética com a duriense Gouveio. Chegou à Madeira e aos Açores desde a Sicília, onde é conhecida por Verdichio. Sabe-se que é diferente da casta Verdejo plantada na Denominação de Origem espanhola Rueda. Com acidez elevada e película espessa, produz vinhos frescos e limonados. Também se referem aromas herbáceos, de erva aromática, maçã e frutos tropicais.

Viognier
O nome remete para quem é natural de Vions, nos Alpes franceses. Relacionada com a vizinha Freisa de Piemonte. Quase extinta em meados do século XX, a famosa DOC Condrieu, na região das encostas do Ródano, deu-lhe papel de estrela principal. De baixo rendimento e corpo cheio, brilha com os aromas de alperce e pêssego, entre notas amendoadas. Prefere solos pobres e é exigente na preferência pela exposição a sul.

Lista de compras para 2021

Este guia inclui os vinhos que melhores classificações obtiveram durante as provas cegas efetuadas em 4 entidades certificadoras, cujas Direções e equipas técnicas foram parte fundamental para a solução e realização desta edição muito especial do *Guia Popular de Vinhos*. Pela primeira vez, no ano de todos os medos e confinamentos, o meu colega Neil Pendock ficou retido na África do Sul. Aos técnicos que rececionaram, codificaram, serviram e validaram todo o processo de degustação em prova cega fica o meu sincero agradecimento. Uma palavra muito especial para o Carlos Ferreira, técnico da CVR Península de Setúbal. Concluímos este processo de avaliação sensorial com uma nota e a inclusão do vinho na nossa seleção ou, no caso de uma prova de maior emoção, com a inclusão no *Top* 100.

A maioria da produção nacional de vinhos engarrafados, com Indicação Geográfica (Vinhos Regionais) ou com Denominação de Origem Protegida (Vinhos DOC) associou-se de novo a este projeto, contribuindo para o número de referências, superior a 2000 vinhos, à prova. Este Guia Popular inclui a seleção dos melhores 650 vinhos, aproximadamente um terço dos vinhos provados.

Destaque para a presença bem-vinda de vinhos fortificados (80) e dos vinhos efervescentes (29).

A estatística concentra-se, a partir de agora, nos 541 vinhos tranquilos engarrafados e com qualidade geográfica certificada (IG ou DOC). A proposta de vinhos brancos (211) ficou aquém do número de vinhos tintos (294). Os rosés diminuíram ligeiramente a presença com 36 referências. Com 185 vinhos selecionados, o Alentejo é a região mais representada, em claro alinhamento com o seu domínio nas preferências dos consumidores nacionais. Com 60 vinhos, a região de Lisboa justifica a liderança da sua quota de mercado nas superfícies comerciais. As regiões do Minho e Vinho Verde DOC (48), do Tejo (46), do Dão (44), do Douro, com a estreante Távora-Varosa (42) e da Península de Setúbal (40) têm contributos de boa seleção algo mais expressivos do que as regiões e DOC de Trás-os-Montes (21), da Bairrada (21) e da Beira Interior (18). O Algarve, da venda local e sobretudo na hotelaria e restauração, tem

16 representantes entre as opções das garrafeiras dos supermercados, locais ou nacionais. Ao longo desta seleção em prova cega, em merecido destaque de página inteira, elegemos 100 néctares, que impressionaram pelos atributos cativantes, estando a nossa paixão colocada na lista que encontrará na última secção deste guia, vinhos que se distribuem de norte a sul de Portugal, confirmando a excelência do país vinhateiro.

Os dois autores agradecem o interesse crescente que a fileira e os consumidores reconhecem neste projeto; só a adesão generalizada de uma significativa representação da produção nacional pode gerar um resultado final no qual o consumidor reconheça as marcas de referência e se interesse pelas novas entradas neste mercado tão competitivo. Os vinhos selecionados, e que o irão acompanhar ao longo do ano, correspondem a um volume aproximado de 75 milhões de garrafas de vinho de qualidade, com certificação de Indicação Geográfica (Regional) ou de Denominação de Origem Controlada. O guia é de bolso, mas a escolha é enorme e diversificada.

Boas Provas.

Seleção nacional

Ainda com a memória bem viva e orgulhosa com as vitórias da seleção de futebol no Euro 2016 e na Liga das Nações 2019, destacamos os produtores e empresas nacionais que mais vinhos e maior volume colocaram neste guia. Merecem, pelo excelente trabalho técnico e comercial que originou a ampla proposta de bons vinhos a bom preço, um capítulo de honra. Onze produtores, empresas ou agrupamentos, alguns deles com um portefólio multi-regional, foram escolhidos para a seleção nacional, época 2020/2021, com milhões de consumidores a aplaudir e provar.

Aveleda
Casa Ermelinda Freitas Vinhos
Casa Santos Lima
Cooperativa Agrícola Santo Isidro de Pegões
Encostas de Alqueva Amareleza
J. Portugal Ramos
Lusovini
Parras Wines
Sociedade Agrícola Boas Quintas
Sociedade Agrícola D. Diniz (Ravasqueira)
Sotavinhos

Nas secções regionais deste guia, também se nomeiam os produtores que contribuíram com três ou mais referências para a lista da respetiva região, demonstrando uma consistência que pode e deve servir de conforto para a decisão de compra.

Pistas para uma boa maridagem

A escolha de um vinho para um prato é pessoal e intransmissível. No entanto, tenha em atenção estas pistas:

A acidez de um vinho atenua o impacto gorduroso de um alimento ou de um prato. De uma maneira geral, a acidez natural cresce de sul para norte e do interior para o litoral. Tenha em atenção que a altitude, a exposição das vinhas e as castas jogam um papel decisivo na acidez total de um vinho. Mesmo assim, caminhe para norte e para o litoral.

As proteínas de um alimento são compensadas pelos taninos do vinho, em muito maior número no vinho tinto. Para pratos altamente proteicos, escolha vinhos mais taninosos, encorpados. Encontra-os em todas as regiões vinhateiras, mas a escolha de vinhos tintos mais jovens e da Montanha de Portugal talvez seja preferível.

Pratos aromaticamente mais fortes pedem um contraponto aromático, arredondamento e presença adocicada do vinho. Caminhe para sul.

Na escolha do vinho, manda a composição dos alimentos, sobretudo em proteínas e lípidos. Quanto mais gordos e mais aromáticos, mais pedem vinhos ácidos e com bom nariz. As notas de madeira são dispensáveis, mas a untuosidade e a estrutura que proporcionam ao vinho podem ser bem acolhidas.

As relações de oxidação-redução devem estar balanceadas entre o vinho e a comida. Para explicar este assunto, mais importante do que conhecer a composição química dos alimentos e seus valores nutricionais, é ter presente o impacto das principais técnicas culinárias.

Quanto menor for a oxidação do alimento (menor transformação da matéria--prima), maior deve ser a tendência de balanceamento com vinhos mais oxidados, ou seja, com alguma idade ou com estágios que lhes provoquem maior complexidade.

Nos assados e grelhados, as estruturas químicas das proteínas e dos hidratos de carbono desnaturam-se, solidificam e caramelizam-se, com típicas alterações de cor e de aroma, que podem sugerir uma combinação sensorial com vinhos fermentados e/ou estagiados em madeira.

Nas frituras, mais do que do ponto de vista aromático, a eleição do vinho deve ter em conta a necessidade de combater o aumento de gordura do alimento. Escolha, portanto, vinhos com boa acidez. Quanto à elevada oxidação dos fritos, contraponha com vinhos muito preservados do contacto com o oxigénio, como os vinhos novos. Buscando um vinho ácido e novo, os vinhos do Atlântico são uma excelente opção.

Como consultar este guia

VINHOS EFERVESCENTES

EM DESTAQUE ★ TOP 100 ★ EM DESTAQUE ★ TOP 100 ★ EM DESTAQUE

Quinta do Poço do Lobo, Arinto & Chardonnay, Bruto Natural

Sociedade dos Vinhos Irmãos Unidos (Caves São João)

Branco

| 5-10 € | 2016 | DOC Bairrada | 12,5% |

Arinto e Chardonnay. Cor citrina média. Bolha fina. Evolução de pão, especiaria e mineralidade, pomar maduro, lácteos e leve tropical. Boca cremosa, fresca, alongada e salivante. Prova superior e gastronómica.

Terras do Demo
Cooperativa Agrícola do Távora
Branco

| 5-10 € | 2016 | DOC Távora-Varosa | 12,5% |

Malvasia-Fina e Verdelho. Cor citrina clara. Bolha fina. Tropicalidades e flores antes de pastelaria bem evoluída. Notas fumadas de mineralidade. *Mousse* fresca e atrevida, prova longa e salivante. Gastronómico e qualitativo.

EM DESTAQUE ★ TOP 100 ★ EM DESTAQUE ★ TOP 100 ★ EM DESTAQUE

Murganheira, Bruto
Murganheira Sociedade Agrícola e Comercial do Varosa
Rosé

| 10-15 € | 2014 | DOC Távora-Varosa | 14% |

Tinta-Roriz, Touriga-Franca e Touriga-Nacional. Água média de cobre. Bolha fina. Fruto vermelho e de caroço em versões bem evoluídas, pastelaria e especiaria presentes, flores e leves mentas peitorais. Sucrosidade grata equilibrando frescura e alongamento lavante. Rei à mesa.

EFERVESCENTES

Quinta do Poço do Lobo, Bruto Natural		Blanc de Noir
5-10 €	Sociedade dos Vinhos Irmãos Unidos (Caves São João)	
12,5%	2017	DOC Baga Bairrada

Baga. Cor palha média. Bolha fina. Evolução de pão, especiaria e mineralidade, pomar maduro com melados. Boca cremosa, fresca, alongada e salivante. De boa mesa.

Regateiro, Bruto		Blanc de Noir
10-15 €	Lusovini (Ares da Bairrada)	
12,5%	2015	DOC Bairrada

Lote com Baga. Água clara de granada. Bolha média. Aromas de fruto macerado, nota seivosa e vegetal, pastelaria tímida. Interesse acrescido na *mousse* muito cremosa e fresca, prova alongada, salivante, gastronómica.

Adega de Ponte da Barca, Loureiro, Bruto		Branco
2-5 €	Adega Cooperativa de Ponte da Barca	
12%	2019	DOC Vinho Verde

Loureiro. Cor citrina clara. Bolha fina. Expressão de mentas e fruta tropical, numa proposta sem estágios. A *mousse* é muito jovem e crocante, com grata cobertura doce.

Casa do Canto, Bruto		Branco
5-10 €	Anadiagro	
12,5%	2016	DOC Bairrada

Lote com Arinto. Cor palha média. Bolha fina e persistente. Cítrico, firme na fruta, com evolução futura. *Mousse* cremosa, glacial, lavante, boca bem desenhada, muito mais longa do que larga. Gastronómico. Selecionado em edições anteriores.

Casal Garcia, Sparkling, Meio-Seco		Branco
5-10 €	Aveleda	
11%	n.v.	DOC Vinho Verde

Loureiro e Arinto. Cor citrina clara. Bolha fina. Fruta cítrica e branca, especiaria doce, versão de pouco estágio. Doçura a cobrir espuma jovem e lavante. Guloso.

EFERVESCENTES

Kuatrus, Blanc de Blancs, Bruto	Branco
2-5 € Adega Cooperativa de Cantanhede	

12,5% n.d. | DOC Bairrada

Bical, Arinto, Maria-Gomes e Cercial. Cor palha clara. Bolha fina. Fruta branca e cítrica, leve nota de camomila e flora seca. Cremoso, adocicado, comercial. Selecionado em edições anteriores.

Marquês de Marialva, Bical & Arinto, Bruto	Branco
5-10 € Adega Cooperativa de Cantanhede	

12,5% n.d. | Regional Beira Atlântico

Bical e Arinto. Bolha fina. Fruta cítrica e branca. Leve nota mineral de sílex, pastelaria tímida. *Mousse* refrescante, mais longa do que larga, sem desmaios. Final agridoce. Selecionado em edições anteriores.

Marquês de Marialva, Blanc de Blancs, Bruto	Branco
5-10 € Adega Cooperativa de Cantanhede	

12,5% n.d. | Regional Beira Atlântico

Bical e Arinto. Cor citrina clara. Bolha fina. Fruta cítrica e branca. Leve nota mineral de sílex, pastelaria tímida. *Mousse* refrescante, mais longa do que larga, sem desmaios. Final agridoce. Selecionado em edições anteriores.

Murganheira, Malvasia-Fina, Bruto	Branco
10-15 € Murganheira Sociedade Agrícola e Comercial do Varosa	

12,5% 2017 | DOC Távora-Varosa

Malvasia-Fina. Cor citrina clara. Bolha fina. Floral, leve nuance de pastelaria, nota de fruto cítrico e amarelo. Elegante, longo, áereo, fresco, lavante. Digesto.

Murganheira, Reserva, Bruto	Branco
5-10 € Murganheira Sociedade Agrícola e Comercial do Varosa	

13% 2017 | DOC Távora-Varosa

Malvasia-Fina, Cerceal e Gouveio-Real. Cor citrina clara com nuance dourada. Bolha fina. Nuance abaunilhada entre especiarias de padaria doce. Fruto de pomar entre flores vivas e secas. *Mousse* liderante, prova fresca e muito salivante. Bom como aperitivo.

EFERVESCENTES

Murganheira, Super Reserva, Bruto	Branco
10-15 €	Murganheira Sociedade Agrícola e Comercial do Varosa

12,5% 2015 | DOC Távora-Varosa

Malvasia-Fina, Cerceal e Tinta-Roriz. Cor palha clara. Bolha fina. Biscoito e brioche entre frutos de pomar bem evoluídos. Nota de elixir herbal e floral, com especiaria e fruto seco. Fresco, cremoso, longo e salivante. Gastronómico.

Plexus	Branco
2-5 €	Adega Cooperativa do Cartaxo

9,5% n.d. | Regional Tejo

Fernão-Pires, Tália e Boal de Alicante. Cor palha clara. Tropical e pomar maduros, leve rebuçado e pastelaria. Doce, frisante fresco e atrevido. Longo.

Quinta do Cerrado da Porta, Reserva, Extra Bruto	Branco
5-10 €	Quinta do Cerrado da Porta

12,5% 2015 | Regional Lisboa

Arinto. Cor citrina média com nuance dourada. Bolha fina. Fruta de pomar madura, leve nota de padaria doce, algum vegetal. Boa cremosidade, cheia e fresca. Longo e salivante.

Quinta do Poço do Lobo, Arinto & Chardonnay, Bruto, *Branco*

Ver destaque na página 40

São João, Reserva, Bruto	Branco
5-10 €	Sociedade dos Vinhos Irmãos Unidos

12,5% 2016 | DOC Bairrada

Lote com Bical. Cor citrina média. Bolha fina. Evolução de pão, especiaria e mineralidade, pomar maduro, seiva e leve tropical. Boca cremosa, fresca, contida mas sem desmaios.

EFERVESCENTES

Terras do Demo, Bruto, *Branco*

Ver destaque
na página 41

91 PTS

Terras do Demo, Malvasia-Fina, Bruto		Branco
5-10 €	Cooperativa Agrícola do Távora	
12%		2018 | DOC Távora-Varosa

85 PTS — Malvasia-Fina. Cor citrina clara. Bolha fina a média. Floral, tudo ainda primário, com fruta de pomar madura, pastelaria tímida. *Mousse* em desenvolvimento, sucrosidade bem desenhada, equilibrando texturas ainda austeras, de boa mesa.

Torre de Coimbra, Bruto		Branco
5-10 €	Lusovini	
12%		n.d. | DOC Bairrada

82 PTS — Bical e Maria-Gomes. Cor pérola. Bolha muito fina e dispersa. Fruta compotada, citrino refrescante, camomila. Cremoso, adocicado, desenho fresco a equilibrar. Boca bem desenhada. Selecionado em edições anteriores.

Vinha Maria, Bruto		Branco
5-10 €	Global Wines	
12,5%		n.d. | IVV

85 PTS — Bical, Maria-Gomes e Arinto. Cor citrina média. Bolha fina a média. Fruta madura de pomar, pólen, suave pastelaria. Doçura a equilibrar desenho jovem e irrequieto. Prova alongada.

Casa do Canto, Bruto		Rosé
2-5 €	Anadiagro	
12,5%		2016 | DOC Bairrada

83 PTS — Baga. Água clara de cobre. Bolha fina e persistente. Fruto vermelho com notas de pastelaria doce. Aromas tímidos e limpos. *Mousse* algo volumosa e gasosa, boca de bom equilíbrio agridoce. Lavante. Selecionado em edições anteriores.

EFERVESCENTES

Casal Garcia, Sparkling, Meio-Seco	Rosé
5-10 € Aveleda	

11%   n.v. | DOC Vinho Verde

Vinhão, Borraçal e Azal Tinto. Água média de granada. Bolha fina. Fruto vermelho, limpo, com rebuçado. *Mousse* firme com cobertura doce.

Marquês de Marialva, Bruto	Rosé
5-10 € Adega Cooperativa de Cantanhede	

12,5%   n.d. | Regional Beira Atlântico

Baga. Água clara de granada. Bolha micro. Fruto vermelho em goma, leve nota de maçã assada. Boca adocicada e macia, muito comercial. Selecionado em edições anteriores.

Murganheira, Rosé, Bruto, *Rosé*

Ver destaque na página 42

Plexus	Rosé
2-5 € Adega Cooperativa do Cartaxo	

9,5%   n.d. | Regional Tejo

Castelão e Tinta-Roriz. Água média de cobre. Rebuçado de fruto vermelho e de caroço, leve pastelaria e seiva. Doce, frisante fresco e atrevido. Longo.

Terras do Demo, Touriga Nacional, Bruto	Rosé
5-10 € Cooperativa Agrícola do Távora	

12,5%   2018 | DOC Távora-Varosa

Touriga-Nacional. Acobreado claro. Bolha média. Fruto vermelho maduro mas vivo, pastelaria tímida, nota de seiva. Sucrosidade a cobrir desenho jovem de texturas rugosas. Boa revelação à mesa.

EFERVESCENTES

Marquês de Marialva, Bruto		Tinto
5-10 €	Adega Cooperativa de Cantanhede	
12,5%	n.d.	Regional Beira Atlântico

82 PTS — Baga. Cor granada média com nuance carmim. Bolha fina. Couro entre frutos vermelhos e ameixa. Leve nota vegetal. Boca firme, com desenho doce correto. Bom para mesa de leitão. Selecionado em edições anteriores.

Murganheira, Tinto, Bruto		Tinto
5-10 €	Murganheira Sociedade Agrícola e Comercial do Varosa	
12,5%	2017	DOC Távora-Varosa

87 PTS — Touriga-Nacional e Tinta-Roriz. Cor granada média. Bolha fina a média. Vinosidade coberta por notas de padaria e frutos alicorados. Boca lavante, algo austera, muito fresca, de boa mesa.

Plexus		Tinto
2-5 €	Adega Cooperativa do Cartaxo	
12%	n.d.	Regional Tejo

87 PTS — Alicante Bouschet. Cor granada retinta com nuance carmim. Frutado muito maduro, bagos em compota, leve nota vegetal e de couro. Frisante atrevido, tanino rugoso apesar da doçura muito grata. Compara muito bem com Lambrusco.

Terras do Demo, Bruto		Tinto
5-10 €	Cooperativa Agrícola do Távora	
12%	2018	DOC Távora-Varosa

85 PTS — Touriga-Franca. Cor granada média. Bolha média. Frutado maduro, notas de couro e violeta, pastelaria tímida. Sucrosidade a cobrir desenho jovem de texturas rugosas. Boa revelação à mesa.

VINHOS TRANQUILOS

•

ATLÂNTICO DE PORTUGAL E ILHAS

MINHO E VINHO VERDE

BAIRRADA E BEIRA ATLÂNTICO

LISBOA

MINHO E VINHO VERDE

Um minuto a olhar para o mapa e percebemos logo o que é que marca a personalidade desta região. Toda a sua exposição é como um enorme anfiteatro virado para o Atlântico. Os limites da região são precisamente as cadeias montanhosas que a separam de Trás-os-Montes, do Douro e do Dão. Um enorme anfiteatro de granito em que os vales dos principais rios (Minho, Lima, Cávado, Ave e Douro), correndo de nascente para poente, facilitam a penetração dos ventos marítimos.

A Região dos Vinhos Verdes é uma das maiores regiões vitivinícolas de Portugal, uma das maiores da Europa (ocupa uma área de cerca de 7000 km^2 com cerca de 35 000 hectares de vinha) e uma das mais antigas do mundo.

À custa da sua antiguidade nesta região, e pelo facto de serem apenas cultivadas no noroeste ibérico, há muitas castas que são consideradas autóctones. Por um lado, é um dos fatores que traduzem com maior intensidade a especificidade do vinho verde e, por outro, distingue as sub-regiões. A mais recente legislação sobre as castas em cultura nesta região define castas recomendadas e autorizadas a produzirem vinhos com Denominação de Origem Vinho Verde. As castas recomendadas são, para vinho branco, Alvarinho, Arinto (Pedernã), Avesso, Azal, Batoca, Loureiro, Trajadura e, para vinho tinto, Alvarelhão (Brancelho), Amaral (Azal Tinto), Borraçal, Espadeiro, Padeiro (Padeiro de Basto), Pedral, Rabo de Ovelha, Vinhão.

O vinho verde é um produto único no mundo, uma mistura de aromas e sabores que o tornam numa das mais deliciosas bebidas naturais! Leve, aromático, medianamente alcoólico e de ótimas propriedades digestivas, destaca-se pela sua frescura e especiais qualidades, sendo um vinho muito apetecido, sobretudo na época quente. Desde o tradicional vinho verde, elaborado a partir da criteriosa junção de várias castas selecionadas, aos vinhos verdes varietais, elaborados a partir de uma única casta, passando pelo espumante e pelo vinho Regional Minho, a oferta é vasta e a escolha uma arte.

Prove os brancos como aperitivo ou a acompanhar uma ementa ligeira. O verde branco é o vinho *light* por excelência. O tinto acompanha corretamente a gastronomia minhota, é um vinho com uma personalidade marcada que pede um prato forte. E porque não provar os verdes menos conhecidos? O vinho verde rosé é muito suave, com aromas frutados, raro mas surpreendente. Para ocasiões especiais, a aguardente e o espumante são duas propostas menos conhecidas, mas que merecem a sua descoberta.

Dr. Manuel Pinheiro
Presidente da Comissão de Viticultura da Região dos Vinhos Verdes

EM DESTAQUE ★ TOP 100 ★ EM DESTAQUE ★ TOP 100 ★ EM DESTAQUE

Adega de Ponte da Barca, Loureiro & Alvarinho
Adega Cooperativa de Ponte da Barca
Branco

| 2-5 € | 2019 | DOC Vinho Verde | 12% |

Loureiro e Alvarinho. Cor citrina clara. Ervas de infusão, sobretudo mentas, nota de papaia entre citrinos, especiaria presente. Fresco, longo e lavante, leve austeridade que a mesa aclama.

EM DESTAQUE ★ TOP 100 ★ EM DESTAQUE ★ TOP 100 ★ EM DESTAQUE

Adega de Ponte da Barca, Loureiro
Adega Cooperativa de Ponte da Barca
Branco

| 2-5 € | 2019 | DOC Vinho Verde | 11,5% |

Loureiro. Cor citrina clara. Ervas de infusão, sobretudo mentas, fruta cítrica e tropical, alguma em rebuçado. Grata nota fresca de seiva. Frisante médio, fresco, bom equilíbrio entre a doçura e a acidez. Salivante.

EM DESTAQUE ★ TOP 100 ★ EM DESTAQUE ★ TOP 100 ★ EM DESTAQUE

Aromas das Castas, Alvarinho & Loureiro, Grande Escolha
Quinta da Lixa
Branco

| 2-5 € | 2019 | DOC Vinho Verde | 12% |

Alvarinho e Loureiro. Cor citrina clara. Ervas de infusão, sobretudo mentas, fruta cítrica e tropical, notas de botão floral. Muito expressivo e guloso. Frisante médio, fresco, bom equilíbrio entre a doçura e a acidez. Salivante.

EM DESTAQUE ★ TOP 100 ★ EM DESTAQUE ★ TOP 100 ★ EM DESTAQUE

Aveleda, Solos de Granito, Alvarinho
Aveleda
Branco

| 5-10 € | 2018 | DOC Regional Minho | 13,5% |

Alvarinho. Cor citrina clara. Mineralidade com fruto cítrico, notas herbais refrescantes. Sucrosidade a reequilibrar proposta glacial e muito lavante. Gastronómico. Sem desmaios.

EM DESTAQUE ★ TOP 100 ★ EM DESTAQUE ★ TOP 100 ★ EM DESTAQUE

Aveleda, Solos de Xisto, Alvarinho
Aveleda
Branco

| 5-10 € | 2018 | DOC Regional Minho | 13% |

Alvarinho. Cor citrina clara. Herbais e tropicalidades antes de terrosos minerais, fruta branca e tropical. Rico, volumoso, salivante, aclamada à mesa.

EM DESTAQUE ★ TOP 100 ★ EM DESTAQUE ★ TOP 100 ★ EM DESTAQUE

Aveleda, Loureiro e Alvarinho
Aveleda
Branco

| 5-10 € | 2019 | DOC Vinho Verde | 11,5% |

Loureiro e Alvarinho. Cor citrina clara. Floral, fruta branca e tropical, nota de menta e tomateiro. Acidez firme, compensada por doçura, textura alongada e sucrosa, final salivante de mesa rica.

EM DESTAQUE ★ TOP 100 ★ EM DESTAQUE ★ TOP 100 ★ EM DESTAQUE

Casa de Vila Verde, Loureiro, Grande Escolha
Casa de Vila Verde (Casa Santos Lima)
Branco

| 5-10 € | 2019 | DOC Vinho Verde | 11,5% |

Loureiro. Cor citrina clara. Eucalipto, mentas e outras infusões, botão floral e notas tropicais. Denso, lavante, glacial, muito gastronómico e de longa guarda.

Soalheiro, Granit, Alvarinho
Soalheiro
Branco

| 10-15 € | 2019 | DOC Vinho Verde | 12,5% |

Alvarinho. Cor citrina clara. Mineralidade com fruto cítrico, notas herbais refrescantes, fumados e apetrolados da terra. Equilíbrio entre a acidez e a sucrosidade. Longo e denso. Muito gastronómico.

EM DESTAQUE ★ TOP 100 ★ EM DESTAQUE ★ TOP 100 ★ EM DESTAQUE

Torre de Menagem, Alvarinho & Trajadura
Quintas de Melgaço
Branco

| 2-5 € | 2019 | DOC Vinho Verde | 12% |

Alvarinho e Trajadura. Cor citrina clara. Mineralidade com fruto cítrico, notas herbais refrescantes. Frisante firme, bom equilíbrio entre a acidez e a sucrosidade. Muito gastronómico.

EM DESTAQUE ★ TOP 100 ★ EM DESTAQUE ★ TOP 100 ★ EM DESTAQUE

Tojeira, Premium
Casa da Tojeira
Tinto

| 2-5 € | 2019 | DOC Vinho Verde | 13% |

Lote com Vinhão. Rubi retinto. Eucalipto, bagos, cacau e feno. Frisante firme, sucrosidade em cobertura ideal do tanino lavante. Bom exemplar.

MINHO E VINHO VERDE ATLÂNTICO DE PORTUGAL

Adega de Monção, Escolha		Branco
2-5 €	Adega Cooperativa Regional de Monção	
12%		2019	DOC Vinho Verde

86 PTS

Lote com Trajadura. Cor citrina clara. Tropicalidades, rebuçado de fruta entre gulodices herbais. Frisante coberto por doçura, acabamento médio, consensual.

Adega de Ponte da Barca		Branco
2-5 €	Adega Cooperativa de Ponte da Barca	
11%		2019	DOC Vinho Verde

85 PTS

Loureiro, Trajadura e Arinto. Cor citrina clara. Ervas de infusão, sobretudo mentas, fruta branca e amarela, alguma em rebuçado. Frisante notado, fresco, leve austeridade secante. Melhor à mesa.

Adega de Ponte da Barca, Loureiro & Alvarinho, *Branco*

Ver destaque na página 52

91 PTS

Adega de Ponte da Barca, Grande Escolha		Branco
2-5 €	Adega Cooperativa de Ponte da Barca	
11,5%		2019	DOC Vinho Verde

89 PTS

Loureiro, Trajadura e Arinto. Cor citrina clara. Ervas de infusão, sobretudo mentas, fruta cítrica e tropical, alguma em rebuçado. Leve pólen. Frisante médio, fresco, doçura antes da acidez. Salivante.

Adega de Ponte da Barca, Loureiro, *Branco*

Ver destaque na página 53

91 PTS

Adega de Ponte da Barca, Meio Seco (Adamado)		Branco
2-5 €	Adega Cooperativa de Ponte da Barca	
10%	2019	DOC Vinho Verde

Loureiro, Trajadura e Arinto. Cor citrina clara. Floral, fruta branca e tropical, nota de menta. Acidez atenuada por doçura, textura alongada e sucrosa, final agridoce.

Adega Ponte de Lima, Loureiro		Branco
2-5 €	Adega Cooperativa de Ponte de Lima	
11,5%	2019	DOC Vinho Verde

Loureiro. Cor citrina clara. Citrinos com rebuçado de frutas e notas de pastelaria doce. Frisante firme, acidez dominante com grato final sucroso.

Adega Ponte de Lima, Loureiro, Colheita Selecionada.		Branco
2-5 €	Adega Cooperativa de Ponte de Lima	
12,5%	2019	DOC Vinho Verde

Loureiro. Cor citrina clara. Ervas de infusão, sobretudo mentas, fruta cítrica e tropical, alguma em rebuçado. Leve pólen. Frisante presente, fresco, austeridade na acidez. Salivante.

Aromas das Castas, Alvarinho & Loureiro, Grande Escolha, *Branco*

Ver destaque na página 54

Aveleda, Alvarinho		Branco
5-10 €	Aveleda	
12,5%	2019	DOC Regional Minho

Alvarinho. Cor citrina clara. Mineralidade com fruto cítrico, notas herbais refrescantes. Sucrosidade a reequilibrar proposta glacial e muito lavante. Gastronómico.

MINHO E VINHO VERDE ATLÂNTICO DE PORTUGAL

Aveleda, Fonte		Branco
2-5 €	Aveleda	
9,5%	2019	DOC Vinho Verde	

89 PTS

Loureiro, Arinto, Trajadura e Azal. Cor citrina clara. Cítrico, notas tropicais e de ervas de infusão. Expressivo e limpo. Frisante médio, bom equilíbrio agridoce. Muito bem desenhado.

Aveleda, Solos de Granito, Alvarinho, *Branco*

Ver destaque na página 55

91 PTS

Aveleda, Solos de Xisto, Alvarinho, *Branco*

Ver destaque na página 56

92 PTS

Aveleda. Loureiro & Alvarinho, *Branco*

Ver destaque na página 57

91 PTS

Campelo, Loureiro		Branco
2-5 €	Caves Campelo	
11,5%	2019	DOC Vinho Verde	

88 PTS

Loureiro. Cor citrina clara. Floral, fruta branca e tropical, nota de rebuçado. Leve frisante, bom equilíbrio entre a espessura, sucrosidade e acidez, de boa mesa.

ATLÂNTICO DE PORTUGAL   MINHO E VINHO VERDE

Casa de Vila Verde	Branco
2-5 € Casa de Vila Verde (Casa Santos Lima)	

11%   2019 | DOC Vinho Verde

Lote com Arinto. Cor citrina clara. Ervas de infusão, sobretudo mentas, fruta cítrica e tropical, alguma em rebuçado. Leve pólen. Frisante médio, fresco, bom equilíbrio entre a doçura e a acidez. Salivante.

Casa de Vila Verde, Loureiro, Grande Escolha, *Branco*

Ver destaque
na página 58

Compromisso, Adamado	Branco
5-10 € Quinta da Lixa	

11%   n.v. | DOC Vinho Verde

Lote com Loureiro. Cor citrina clara. Mineralidade, mentas entre citrinos e tropicais. Doçura a dominar sobre corpo extenso de grande persistência. Gastronómico.

Compromisso, Loureiro	Branco
5-10 € Quinta da Lixa	

11%   n.v. | DOC Vinho Verde

Loureiro. Cor citrina clara. Ervas de infusão, sobretudo mentas, fruta cítrica e tropical, notas de botão floral. Muito expressivo e guloso. Frisante médio, acidez austera. Salivante.

Deu La Deu, Alvarinho	Branco
5-10 € Adega Cooperativa Regional de Monção	

13%   2019 | DOC Vinho Verde

Alvarinho. Cor citrina clara. Tropicalidades, rebuçado de fruta entre gulodices herbais. Acidez bem coberta por doçura, acabamento longo e lavante.

MINHO E VINHO VERDE ATLÂNTICO DE PORTUGAL

Fugaz	Branco
2-5 €	Casa Ermelinda Freitas Vinhos
11%	2019	DOC Vinho Verde

85 PTS Loureiro e Trajadura. Cor palha clara. Fruta cítrica, notas herbais e florais de pólen. Agridoce, alongado, com frisante correto.

Fugaz, Ligeiro & Medium-Sweet	Branco
2-5 €	Casa Ermelinda Freitas Vinhos
8,5%	2019	DOC Vinho Verde

84 PTS Loureiro e Trajadura. Cor citrina clara. Fruta cítrica com leve menta, desenho tímido mas limpo. Doce e leve, de consumo imediato.

Gábia	Branco
2-5 €	Casa Ermelinda Freitas Vinhos
11%	2019	DOC Vinho Verde

85 PTS Loureiro e Trajadura. Cor palha clara. Fruta cítrica, notas herbais e florais de pólen. Agridoce, alongado, com frisante correto.

Gábia, Ligeiro & Medium-Sweet	Branco
2-5 €	Casa Ermelinda Freitas Vinhos
8,5%	2019	DOC Vinho Verde

84 PTS Loureiro e Trajadura. Cor citrina clara. Fruta cítrica com leve menta, desenho tímido mas limpo. Doce e leve, de consumo imediato.

Gatão, Trajadura & Avesso	Branco
2-5 €	Sociedade dos Vinhos Borges
9,5%	2019	DOC Vinho Verde

85 PTS Trajadura e Avesso. Cor citrina clara. Floral, fruta branca e tropical, nota de rebuçado. Leve frisante, glacial, leve, longo, de boa mesa.

ATLÂNTICO DE PORTUGAL   MINHO E VINHO VERDE

João Portugal Ramos, Loureiro	Branco
2-5 € J. Portugal Ramos	

12%   2019 | DOC Vinho Verde

Loureiro. Cor citrina clara. Ervas de infusão, sobretudo mentas, fruta cítrica e tropical, alguma em rebuçado. Leve pólen. Frisante tímido, fresco, bom equilíbrio entre a doçura e a acidez. Salivante.

Muralhas de Monção	Branco
2-5 € Adega Cooperativa Regional de Monção	

12,5%   2019 | DOC Vinho Verde

Alvarinho e Trajadura. Cor citrina média. Tropicalidades, rebuçado de fruta entre gulodices herbais. Nota de mel. Frisante coberto por doçura, acabamento médio, consensual.

Portal do Fidalgo, Alvarinho	Branco
5-10 € Provam	

12,5%   2019 | DOC Vinho Verde

Alvarinho. Cor citrina média. Floral, fruta branca e tropical, nota de menta. Acidez atenuada por doçura, textura alongada e sucrosa, final agridoce.

Pouco Comum, Alvarinho	Branco
2-5 € Quinta da Lixa	

13%   2019 | DOC Regional Minho

Alvarinho. Cor citrina média. Floral, fruta branca e tropical, nota de pastelaria doce. Acidez atenuada por doçura, textura muito alongada e sucrosa, final agridoce.

Quinta da Lixa, Alvarinho, Escolha	Branco
5-10 € Quinta da Lixa	

13%   2019 | DOC Vinho Verde

Alvarinho. Cor citrina clara. Mineralidade com fruto cítrico e tropical, notas herbais refrescantes. Austeridade no desenho fresco e muito lavante, final muito longo. Gastronómico.

MINHO E VINHO VERDE   ATLÂNTICO DE PORTUGAL

Quinta da Lixa, Escolha		Branco
2-5 €	Quinta da Lixa	
12%	2019 | DOC	Vinho Verde

88 PTS — Loureiro e Trajadura. Cor citrina clara. Floral, fruta branca e tropical, nota de rebuçado e pastelaria doce. Leve frisante, acidez liderante, textura firme e sem desmaios, de boa mesa.

Quinta da Lixa, Loureiro, Escolha		Branco
2-5 €	Quinta da Lixa	
12%	2019 | DOC	Vinho Verde

88 PTS — Loureiro. Cor citrina clara. Ervas de infusão, sobretudo mentas, fruta cítrica e tropical, alguma em rebuçado. Frisante médio, fresco, acidez austera. Salivante.

Quinta da Lixa, Sweet Creations		Branco
2-5 €	Quinta da Lixa	
9,5%	2018 | DOC	Vinho Verde

90 PTS — Lote com Loureiro. Cor citrina clara. Elixir herbal e floral, notas tropicais de líchia e maracujá. Doce, leve e viciante.

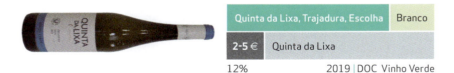

Quinta da Lixa, Trajadura, Escolha		Branco
2-5 €	Quinta da Lixa	
12%	2019 | DOC	Vinho Verde

87 PTS — Trajadura. Cor citrina clara. Floral, fruta branca e tropical, nota de rebuçado e pastelaria doce. Leve frisante, acidez liderante, corpo aéreo e alongado, de mesa *light*.

Soalheiro, Alvarinho		Branco
5-10 €	Soalheiro	
12,5%	2019 | DOC	Vinho Verde

90 PTS — Alvarinho. Cor citrina clara. Mineralidade com fruto cítrico e tropical, notas herbais refrescantes. Sucrosidade a reequilibrar proposta glacial e muito lavante. Gastronómico.

Soalheiro, Granit, Alvarinho, *Branco*

Ver destaque
na página 59

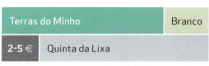

Terras do Minho | Branco
2-5 € | Quinta da Lixa

10,5%   2019 | DOC Vinho Verde

Loureiro, Trajadura e Arinto. Cor citrina clara. Ervas de infusão, sobretudo mentas, nota de papaia entre citrinos. Frisante notado, muito fresco, leve austeridade que a mesa aclama.

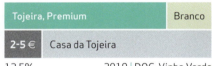

Tojeira, Premium | Branco
2-5 € | Casa da Tojeira

12,5%   2019 | DOC Vinho Verde

Lote com Loureiro. Cor citrina média. Fruta branca e tropical, algum rebuçado e notas de pólen e mentas. Doçura cobrindo frisante firme e alongado.

Torre de Menagem, Alvarinho & Trajadura, *Branco*

Ver destaque
na página 60

Varanda do Conde, Trajadura & Alvarinho | Branco
2-5 € | Provam

12,5%   2019 | DOC Vinho Verde

Alvarinho & Trajadura. Cor citrina clara. Floral, fruta branca e tropical, nota de rebuçado e pastelaria doce. Leve frisante, acidez atenuada, textura alongada e sucrosa, de boa mesa.

MINHO E VINHO VERDE   ATLÂNTICO DE PORTUGAL

Adega de Ponte da Barca		Rosé
2-5 €	Adega Cooperativa de Ponte da Barca	
11%	2019	DOC Vinho Verde

Vinhão, Borraçal e Espadeiro. Água clara de granada. Fruto vermelho, limpo mas simples. Frisante firme com cobertura doce.

Muralhas de Monção		Rosé
2-5 €	Adega Cooperativa Regional de Monção	
11%	2019	DOC Vinho Verde

Alvarinho e Trajadura. Água pálida de granada. Muito expressivo de framboesa, com notas de pastelaria doce. Frisante médio, coberto por doçura grata.

Pluma, Rosé		Rosé
2-5 €	Casa de Vila Verde (Casa Santos Lima)	
11,5%	2019	DOC Vinho Verde

Vinhão, Espadeiro e Touriga-Nacional. Água média de granada. Fruto vermelho, limpo, com rebuçado. Frisante firme com cobertura doce.

Quinta da Lixa, Touriga-Nacional		Rosé
2-5 €	Quinta da Lixa	
12%	2019	DOC Vinho Verde

Touriga-Nacional. Água clara de granada. Fruto vermelho, limpo mas simples. Frisante firme com leve cobertura doce.

Adega de Ponte da Barca, Vinhão		Tinto
2-5 €	Adega Cooperativa de Ponte da Barca	
12%	2019	DOC Vinho Verde

Vinhão. Rubi retinto. Bago maduro, nota de seiva e feno. Frisante firme, longo e lavante.

ATLÂNTICO DE PORTUGAL   MINHO E VINHO VERDE

Quinta da Lixa, Vinhão, Escolha	Tinto
2-5 € Quinta da Lixa	

12% 2019 | DOC Vinho Verde

Vinhão. Rubi retinto. Eucalipto, bagos, cacau e feno. Frisante firme, sucrosidade em boa cobertura do tanino lavante. Bom exemplar.

Tojeira, Premium, *Tinto*

Ver destaque na página 61

Via Latina, Grande Reserva	Tinto
5-10 € Vercoope	

13% 2018 | DOC Vinho Verde

Lote com Vinhão. Rubi retinto. Especiarias e tostados ricos, bagos e fruto vermelho, leve nota de violeta. Taninos jovens bem domados, longo e lavante. Espaço para polimento em garrafa. Grato à mesa.

Nesta região, os produtores que incluíram três ou mais vinhos entre as melhores provas são:

- Adega Cooperativa de Ponte da Barca
- Adega Cooperativa Regional de Monção
- Aveleda
- Casa de Vila Verde (Casa Santos Lima)
- Casa Ermelinda Freitas Vinhos
- Quinta da Lixa

BAIRRADA E BEIRA ATLÂNTICO

A Bairrada, região de colinas suaves que se estende entre o litoral e as serras do Buçaco e do Caramulo, há muito que é considerada como região de excelência para a produção de vinhos e espumantes de elevada qualidade. Na verdade, já António Augusto de Aguiar, por volta de 1860, escreveu sobre a vitivinicultura bairradina.

A região sofreu ainda a influência determinante dos estudos e do pioneirismo do Eng.º Tavares da Silva, que através das suas experiências, efetuadas na antiga Escola Prática de Viticultura e Pomologia da Bairrada (hoje Estação Vitivinícola da Bairrada), por volta de 1890, contribuiu assim de forma decisiva para que, nos anos subsequentes, na região, se criem diversas empresas (caves) produtoras de espumantes pelo método natural (fermentação em garrafa), produto este que ainda hoje é uma das «bandeiras» da região.

Demarcada no início dos anos 80 do século xx, a região é considerada de forma unânime como sendo produtora de alguns dos vinhos e espumantes mais distintos e surpreendentes do país, onde é possível encontrar a inovação e o classicismo de mão dada em produtos com uma capacidade notável de evoluir positivamente em garrafa, e onde a influência atlântica contribui de forma decisiva para que esta seja uma das regiões do país onde mais fará sentido a noção de *terroir*. Nos dias de hoje, a Comissão Vitivinícola da Bairrada certifica, além dos vinhos DOC Bairrada, também os vinhos IG Beira Atlântico, sendo esta uma designação utilizada para uma área geográfica mais abrangente (sensivelmente entre os concelhos de Espinho e Pombal) e também com condicionantes distintas das previstas para a DOC Bairrada ao nível vitícola e enológico.

Nas castas brancas aqui cultivadas, podemos referir como mais representativas, a Maria-Gomes (Fernão-Pires), Bical, Arinto e Cercial, sendo que nas tintas a sua casta mais emblemática, a Baga, tem vindo a ser objeto de um reposicionamento, quer quantitativo quer qualitativo, o que tem permitido afirmar a casta como uma referência na produção de vinhos de carácter e elegância, mas também acaba por permitir que outras variedades (ex., Touriga-Nacional,

Merlot) surjam como opções válidas para a viticultura desenvolvida na região. De salientar ainda a crescente utilização da casta Baga, vinificada em branco, para a elaboração de vinhos espumantes, em lote ou por si só, com excelentes resultados.

Nos últimos 10 anos, a região assistiu a uma autêntica revolução no setor. Várias são as empresas que anteriormente compravam os seus vinhos a granel para engarrafar com as suas marcas e que hoje, de forma direta ou indireta, controlam a produção desde a uva até à garrafa. Vários foram os investimentos na viticultura e na enologia para conseguir produzir cada vez com maior qualidade. Por forma a acompanhar esta evolução e dar a conhecer a todos o esplendor da região, um grupo de oito municípios, em conjunto com vários produtores, operadores de hotelaria e restauração e diversos outros parceiros, constituiu a Rota da Bairrada. Com sede na antiga estação de comboios da zona termal da Curia, esta associação tem como objetivo desenvolver o enoturismo e congregar a oferta turística da região associada. Quem visita a Bairrada, além dos vinhos e espumantes que pode encontrar e das possíveis visitas aos seus produtores, terá ainda a oportunidade de se deliciar com algumas das maiores iguarias gastronómicas do país, com destaque natural para o leitão assado e para os doces de ovos-moles de Aveiro, visitar museus de interesse variado (ex., Museu do Vinho, Museu da Pedra ou Museu de Santa Joana), contactar com alguma natureza de destaque (ex., Mata Nacional do Buçaco) e aproveitar para pernoitar e descansar na região num dos excelentes hotéis ou até na casa de algum dos produtores... Motivos não faltam para que parta à nossa descoberta, tendo como motivo principal o vinho e as vinhas. O convite fica feito, ficamos à sua espera!

Eng.º José Pedro Soares
Presidente da Comissão Vitivinícola da Bairrada

★ EM DESTAQUE ★ TOP 100 ★ EM DESTAQUE ★ TOP 100 ★ EM DESTAQUE

Regateiro, Reserva
Lusovini (Ares da Bairrada)
Branco

| 10-15 € | 2017 | DOC Bairrada | 12% |

Lote com Arinto. Cor citrina média. Especiarias doces e lácteos de tostados ricos, citrino e pomar branco e amarelo. Lembra *cheesecake*. Guloso na cremosidade, texturas de bom desenho fresco. Prova qualitativa. Selecionado em edições anteriores.

ATLÂNTICO DE PORTUGAL — BAIRRADA E BEIRA ATLÂNTICO

Cantanhede, Seleção	Branco
2-5 €	Adega Cooperativa de Cantanhede

12%   2018 | Regional Beira Atlântico

Maria-Gomes, Bical e Arinto. Cor citrina clara. Leve tosta fresca, citrinos e leve tropical. Boca leve e alongada, com leve cobertura sucrosa. Selecionado em edições anteriores.

 82 PTS

Casa do Canto, Reserva	Branco
5-10 €	Anadiagro

13%   2017 | DOC Bairrada

Lote com Arinto. Cor citrina clara. Tostados de especiaria e madeira complexa com fruta de caroço e algum citrino. Boca longa e salivante. Alguma rusticidade que a garrafa vai amainar. Selecionado em edições anteriores.

 84 PTS

Contemporal	Branco
2-5 €	Continente

12,5%   2018 | DOC Bairrada

Maria-Gomes, Bical e Arinto. Cor citrina clara. Leve tosta fresca, baunilha e mentas, citrinos de casca e polpa e leve tropical. Rosa. Boca leve e alongada, com leve cobertura sucrosa. Final salivante de boa mesa. Premiado com Medalha de Prata no Concurso Uva de Ouro 2019. Selecionado em edições anteriores.

84 PTS

Frei João	Branco
2-5 €	Sociedade dos Vinhos Irmãos Unidos (Caves S. João)

12%   2019 | DOC Bairrada

Lote com Bical. Cor citrina clara. Tímido na fruta de pomar. Mentas e notas vegetais. Leve nota apetrolada. Sucrosidade em corpo leve e fresco, de longa presença.

 86 PTS

Marquês de Marialva, Arinto, Reserva	Branco
5-10 €	Adega Cooperativa de Cantanhede

13,5%   2017 | DOC Bairrada

Arinto. Cor citrina clara. Terroso mineral, tostados ricos e discretos, com especiaria e notas peitorais mentoladas. Aromas herbais com ananás e casca de citrino. Cremoso, fresco, salivante, de longa duração. Superior. Selecionado em edições anteriores.

86 PTS

BAIRRADA E BEIRA ATLÂNTICO ATLÂNTICO DE PORTUGAL

Marquês de Marialva, Bical, Reserva		Branco
5-10 €	Adega Cooperativa de Cantanhede	
13,5%		2017 | DOC Bairrada

Bical. Terroso mineral, tostados ricos e discretos, com especiaria e notas peitorais mentoladas. Aromas vegetais com pêssego, alperce e casca de citrino. Cremoso, fresco, salivante, de longa duração. Superior. Selecionado em edições anteriores.

Marquês de Marialva, Colheita Selecionada		Branco
2-5 €	Adega Cooperativa de Cantanhede	
12,5%		2018 | DOC Bairrada

Maria-Gomes, Bical e Arinto. Cor citrina clara. Leve tosta fresca, baunilha e mentas, citrinos de casca e polpa e leve tropical. Rosa. Boca leve e alongada, com leve cobertura sucrosa. Final salivante de boa mesa. Selecionado em edições anteriores.

Regateiro, Reserva, *Branco*

Ver destaque na página 74

Torre de Coimbra		Branco
2-5 €	Lusovini (Ares da Bairrada)	
13%		2018 | DOC Bairrada

Lote com Bical. Cor citrina clara. Fruta madura tímida, leve nota herbal. Estrutura leve, mais longa do que larga. Sucrosidade correta e gulosa. Selecionado em edições anteriores.

Frei João		Rosé
2-5 €	Sociedade dos Vinhos Irmãos Unidos (Caves S. João)	
12,5%		2018 | DOC Bairrada

Lote com Baga. Água média de granada. Fruta em lata, morango maduro, nota de menta refrescante. Frisante, bom desenho adocicado, em longo balanço com a frescura. Desenho leve.

ATLÂNTICO DE PORTUGAL — BAIRRADA E BEIRA ATLÂNTICO

Marquês de Marialva, Colheita Selecionada	Rosé
2-5 €	Adega Cooperativa de Cantanhede

12,5%   2018 | DOC Bairrada

Baga. Água clara de granada. Fruto vermelho em goma, leve tostado fresco com baunilha. Boca de cobertura doce, leve e com boa frescura. Selecionado em edições anteriores. **82 PTS**

Cantanhede, Seleção	Tinto
2-5 €	Adega Cooperativa de Cantanhede

13%   2017 | Regional Beira Atlântico

Baga e Touriga-Nacional. Cor aberta a média de granada, com nuance carmim. Fruto vermelho em goma, leve nota vegetal refrescante. Boca de cobertura doce, leve e com boa frescura. Selecionado em edições anteriores. **82 PTS**

Casa do Canto, Reserva	Tinto
5-10 €	Anadiagro

13,5%   2015 | DOC Bairrada

Lote com Baga. Cor granada média. Nuance carmim. Leve couro entre frutos vermelhos e tostados de fumo e pimentas. Longo, mastigável. Leve atrito que a mesa agradece. Selecionado em edições anteriores. **84 PTS**

Contemporal	Tinto
2-5 €	Continente

13%   2017 | DOC Bairrada

Baga, Touriga-Nacional e Aragonez. Cor média de granada. Fruto vermelho e ameixa madura, leve passa, leve tostado fresco com baunilha. Boca de cobertura doce, leve e com boa frescura. Selecionado em edições anteriores. **83 PTS**

Contemporal, Reserva	Tinto
2-5 €	Continente

13,5%   2015 | DOC Bairrada

Baga e Touriga-Nacional. Cor média de granada. Fruto vermelho e ameixa madura, leve passa, tostado fresco com baunilha. Boca de cobertura doce, longa, salivante e com boa frescura. Selecionado em edições anteriores. **84 PTS**

BAIRRADA E BEIRA ATLÂNTICO   ATLÂNTICO DE PORTUGAL

Frei João	Tinto
2-5 € Sociedade dos Vinhos Irmãos Unidos (Caves S. João)	
13% 2015	DOC Bairrada	

88 PTS

Lote com Touriga-Nacional. Cor granada média. Caruma, tostados bem evoluídos, com tabaco e especiaria entre bagos e ameixa. Austeridade de taninos bem seletos, mas com falta de polimento. Fresco e gastronómico.

Frei João, Reserva	Tinto
5-10 € Sociedade dos Vinhos Irmãos Unidos (Caves S. João)	
12,5% 2014	DOC Bairrada	

85 PTS

Lote com Baga. Cor granada média. Pimento grelhado entre vegetais, groselha negra a dominar a fruta. Especiarias e notas de couro. Fresco, alongado, taninos de longa vida e mesa rica.

Marquês de Marialva, Baga, Reserva	Tinto
5-10 € Adega Cooperativa de Cantanhede	
13,5% 2014	DOC Bairrada	

83 PTS

Baga. Cor média de granada. Madeiras doces de moca e baunilha, frutados maduros, compotas. Boca salivante, com sucrosidade. Boa proposta gastronómica. Selecionado em edições anteriores.

Marquês de Marialva, Colheita Selecionada	Tinto
2-5 € Adega Cooperativa de Cantanhede	
13% 2015	DOC Bairrada	

83 PTS

Baga, Touriga-Nacional e Aragonez. Cor média de granada. Fruto vermelho e ameixa madura, leve passa, leve tostado fresco com baunilha. Boca de cobertura doce, leve e com boa frescura. Selecionado em edições anteriores.

Torre de Coimbra	Tinto
2-5 € Lusovini (Ares da Bairrada)	
13% 2015	DOC Bairrada	

83 PTS

Lote com Baga. Cor granada média. Nuance carmim. Frutos vermelhos intensos, com leve compota. Simples e limpo. Tanino médio e ainda com arestas, boca longa e salivante. Bom de mesa. Selecionado em edições anteriores.

Vinil	Tinto
5-10 € Ampulheta Mágica	

13% 2015 | DOC Bairrada

Lote com Baga. Cor granada intensa. Tostados de especiaria e fumo, boa integração de frutos vermelhos, em iogurte. Boca longa e fresca. Tanino domado mas com boa guarda. Gastronómico. Selecionado em edições anteriores.

Nesta região, os produtores que incluíram três ou mais vinhos entre as melhores provas são:

- Adega Cooperativa de Cantanhede
- Lusovini (Ares da Bairrada)
- Sociedade dos Vinhos Irmãos Unidos (Caves São João)

LISBOA

Procuramos saber com cada vez mais ansiedade quais os vinhos que mais se distinguem. Procuramos nos vários concursos os resultados, analisamos as opiniões, estudamos as características, etc.

Cada procura é importante. Podemos até não encontrar o que queremos, mas estamos a universalizar os vinhos, a torná-los acessíveis a muitos, a descomplicar o assunto e a partilhar – com a nossa procura – a inquietação que temos para saber mais e para encontrar o vinho mais apropriado.

Evito, propositadamente, o termo «melhor». Não há vinhos melhores. Ou gostamos ou não gostamos; e o bom é aquilo que cada um de nós gosta. Estamos sempre a falar de vinhos! Um raciocínio destes só se aplica assim tão livremente porque, em questões de gosto ou de cores, estes não se discutem.

Ora, há poucas semanas, pude acompanhar o trabalho do enólogo Aníbal Coutinho e o do seu colega sul-africano Neil Pendock, provando vinhos das várias regiões de Portugal e catalogando-os com base em critérios muito simples, mas muito informativos para o público geral. Umas vezes utilizam-se critérios de adaptação à comida, aos quais os nossos vizinhos espanhóis chamam *maridagens*, outras vezes, a longevidade. E se sabemos bem como evoluiu a maneira de guardar um vinho: antigamente, era guardado durante 15 ou 20 anos, posteriormente passou para 5 anos ou menos, e agora medeia entre a quinta-feira, o dia da compra, e o sábado, o dia em que é consumido!

Para lá destes critérios, há outro ainda mais interessante: o preço de venda ao público. Não há espaço para a discussão de caro ou barato. Há preços para todos os gostos e todas as bolsas: 2 euros, 4 euros, 5 euros, 10 euros, etc. Os valores variam, mas a opinião e o critério seguidos são bons e práticos.

Uma ideia muito interessante até seria guardar estes guias para que daqui a 10 anos tivéssemos dados estatísticos que nos permitissem observar a evolução dos vinhos, dos preços, das marcas, das regiões, ou seja, do país.

O bom seria que a classe política cuidasse mais desta organização de forma que daqui a uns anos pudéssemos fazer com facilidade este tipo de estatísticas.

Este nosso trabalho nos vinhos vai continuar, pois, dentro da área da agricultura. Somos os que mais ajudam o país no seu objetivo de aumentar as exportações.

Vasco d'Avillez
Presidente cessante da Direção da Comissão Vitivinícola da Região de Lisboa

EM DESTAQUE ★ TOP 100 ★ EM DESTAQUE ★ TOP 100 ★ EM DESTAQUE

Casa das Gaeiras
Parras Wines
Branco

| 2-5 € | 2019 | DOC Óbidos | 13% |

Arinto, Chardonnay e Fernão-Pires. Cor citrina clara. Pomar branco e cítrico fresco, notas tropicais e de flor, com pastelaria. Fresco, adocicado, de meio corpo, longo, salivante. Compra acertada.

EM DESTAQUE ★ TOP 100 ★ EM DESTAQUE ★ TOP 100 ★ EM DESTAQUE

Casa Santos Lima, Reserva
Casa Santos Lima
Branco

| 5-10 € | 2018 | Regional Lisboa | 13% |

Chardonnay, Encruzado e Viosinho. Cor citrina média com nuance dourada. Especiarias doces entre tostados, fruta de pomar em compota, notas lácteas. Boca cheia e alongada, fresca e salivante. Vinho gastronómico e qualitativo.

EM DESTAQUE ★ TOP 100 ★ EM DESTAQUE ★ TOP 100 ★ EM DESTAQ

Morgado de Bucelas, Arinto
Sociedade Agrícola Boas Quintas
Branco

| 5-10 € | 2019 | DOC Bucelas | 12,5% |

Arinto. Cor citrina clara. Fruta de pomar e ananás típico da casta. Nota de mineralidade apetrolada que se irá acentuar com a guarda. Cheio, sucroso, salivante. Grato à mesa.

EM DESTAQUE ★ TOP 100 ★ EM DESTAQUE ★ TOP 100 ★ EM DESTAQUE

Colossal, Reserva
Casa Santos Lima

| 5-10 € | 2019 | Regional Lisboa | 12,5% |

Castelão e Cabernet Sauvignon. Água clara de granada. Mentas entre fruto vermelho e de caroço, Leve especiaria. Boca de grata sucrosidade, muito longo e salivante, frescura que a mesa aclama.

EM DESTAQUE ★ TOP 100 ★ EM DESTAQUE ★ TOP 100 ★ EM DESTAQ

Adega da Vermelha, Grande Reserva
Adega Cooperativa da Vermelha
Tinto

| 10-15 € | 2015 | DOC Óbidos | 14% |

Syrah e Touriga-Nacional. Cor granada intensa com nuance carmim. Especiarias doces com fruta e cacau, caruma e violeta, excelente tosta mentolada. Sucrosidade que cobre os taninos ainda jovens e rugosos, grande presença salivante e gastronómica. Qualitativo.

DESTAQUE ★ TOP 100 ★ EM DESTAQUE ★ TOP 100 ★ EM DESTAQUE

Colossal, Reserva
Casa Santos Lima
Tinto

| 5-10 € | 2017 | Regional Lisboa | 14% |

Lote com Syrah. Cor granada intensa com nuance violácea. Tostados de especiaria e mentol antes de framboesa, notas de violeta e cacau. Texturas sucrosas de grata cobertura do tanino jovem e bem desenhado. Mastigável e sem desmaios. Gastronómico.

EM DESTAQUE ★ TOP 100 ★ EM DESTAQUE ★ TOP 100 ★ EM DESTAQ

Monte Judeu, Touriga-Nacional
Adega Cooperativa de Dois Portos
Tinto

| 5-10 € | 2018 | Regional Lisboa | 14% |

Touriga-Nacional. Cor granada intensa com nuance carmim. Caruma, violeta, framboesa e ameixa, excelente desenho tostado. Muito persistente, tanino bem desenhado, cheio de vida. Poder lavante que a mesa agradece.

DESTAQUE ★ TOP 100 ★ EM DESTAQUE ★ TOP 100 ★ EM DESTAQUE

Palha Canas
Casa Santos Lima
Tinto

| 2-5 € | 2016 | Regional Lisboa | 14% |

Lote com Touriga-Nacional. Cor granada intensa com nuance carmim. Especiarias doces com fruta e cacau, excelente tosta mentolada. Sucrosidade que cobre os taninos ainda jovens e rugosos, grande presença salivante e gastronómica. Qualitativo.

EM DESTAQUE ★ TOP 100 ★ EM DESTAQUE ★ TOP 100 ★ EM DESTAQUE

Quinta de S. Francisco
Companhia Agrícola do Sanguinhal
Tinto

| 5-10 € | 2017 | DOC Óbidos | 13,5% |

Castelão, Aragonez e Touriga-Nacional. Cor granada intensa com nuance violácea. Bago negro, fruto vermelho e ameixa, notas de cacau e especiaria, tostados por agregar. Cheio, volumoso, taninos seletos de boa guarda. Gastronómico. Qualitativo.

EM DESTAQUE ★ TOP 100 ★ EM DESTAQUE ★ TOP 100 ★ EM DESTAQUE

Quinta de S. Sebastião, Colheita
Quinta de S. Sebastião
Tinto

| 5-10 € | 2016 | Regional Lisboa | 13,5% |

Touriga-Nacional e Tinta-Roriz. Cor granada intensa. Notas frescas peitorais de mentol e eucalipto, fruto vermelho com evolução compotada. Caruma e violeta entre tostados. Cheio, lavante, longo e de mesa grata.

EM DESTAQUE ★ TOP 100 ★ EM DESTAQUE ★ TOP 100 ★ EM DESTAQU

Quinta do Boição, Reserva
Enoport Wines
Tinto

10-15 € 2018 | Regional Lisboa 14%

Syrah e Castelão. Cor granada média, com nuance carmim. Especiarias com fruta e cacau, excelente tosta mentolada. Sucrosidade que cobre os taninos ainda jovens e rugosos, grande presença salivante e gastronómica. Qualitativo.

ATLÂNTICO DE PORTUGAL **LISBOA**

Adega da Vermelha, Grande Reserva	Branco
5-10 € Adega Cooperativa da Vermelha	

13% 2017 | DOC Óbidos

Moscatel-Graúdo. Cor citrina média. Floral, especiaria doce, mentas e eucalipto. Cheio, sucroso, atempado, mas sem desmaios. Muito guloso e com identidade.

Alteza	Branco
2-5 € Casa Santos Lima	

12,5% 2019 | Regional Lisboa

Lote com Verdelho. Cor citrina clara. Nota floral e tropical de Moscatel, Boca média, glacial, lavante, de boa mesa.

Bucellas, Arinto, Reserva	Branco
2-5 € Enoport Wines	

12,5% 2019 | DOC Bucelas

Arinto. Cor citrina clara. Fruta de pomar, leve nota de padaria doce. Médio, fresco, de boa mesa.

Casa das Gaeiras, *Branco*

Ver destaque na página 82

Casa Santos Lima, Arinto	Branco
2-5 € Casa Santos Lima	

13% 2019 | Regional Lisboa

Arinto. Cor citrina clara. Ananás com fruto cíítrico, leve nota compotada e especiada. Glacial, lavante, com rugosidade de boa mesa.

LISBOA ATLÂNTICO DE PORTUGAL

Casa Santos Lima, Chardonnay	Branco
2-5 €	Casa Santos Lima
13%	2019	Regional Lisboa

88 PTS

Chardonnay. Cor citrina média. Lácteos com frutos de pomar e leve nota especiada. Menta refrescante. Lavante, cheio, gastronómico de sensações frescas.

Casa Santos Lima, Fernão-Pires	Branco
2-5 €	Casa Santos Lima
13%	2019	Regional Lisboa

90 PTS

Fernão-Pires. Cor citrina clara. Cascas cítricas entre herbais de infusão, nota de flor e líchia. Texturas sucrosas e aveludadas cobrindo corpo glacial. Gastronómico.

Casa Santos Lima, Moscatel	Branco
2-5 €	Casa Santos Lima
12,5%	2019	Regional Lisboa

88 PTS

Moscatel-Graúdo. Cor citrina clara. Nota floral e tropical de Moscatel. Boca média, glacial, lavante, de boa mesa.

Casa Santos Lima, Reserva, *Branco*

Ver destaque
na página 83

91 PTS

Casa Santos Lima, Sauvignon Blanc	Branco
2-5 €	Casa Santos Lima
13%	2018	Regional Lisboa

83 PTS

Sauvignon Blanc. Cor citrina clara. Espargo dominante, leve nuance de maracujá e casca cítrica. Nota sucrosa que cobre texturas rugosas e vibrantes. Bom à mesa. Selecionado em edições anteriores.

ATLÂNTICO DE PORTUGAL **LISBOA**

12,5% 2019 | Regional Lisboa

Lote com Arinto. Cor citrina clara. Aromas vegetais e florais, alguma fruta tropical. Frisante na boca fresca e alongada.

13% 2019 | Regional Lisboa

Arinto e Chardonnay. Cor citrina clara. Fruto de pomar, nota láctea com especiaria. Cheio, glacial, muito lavante e gastronómico.

12,5% 2018 | Regional Lisboa

Fernão-Pires e Arinto. Cor palha clara, leve dourado. Pomar branco e cítrico maduro, notas evolutivas de pólen, com pastelaria. Fresco, de meio corpo, longo, salivante.

Morgado de Bucelas, Arinto, *Branco*

Ver destaque
na página 84

13% 2017 | Regional Lisboa

Lote com Fernão-Pires. Cor citrina clara. Nota floral e tropical de Moscatel. Boca média, glacial, lavante, doce, de boa mesa.

LISBOA ATLÂNTICO DE PORTUGAL

Quinta de S. Francisco	Branco
5-10 € Companhia Agrícola do Sanguinhal	
13%	2019	DOC Óbidos

90 PTS

Vital, Fernão-Pires e Arinto. Cor citrina clara. Citrinos e outros frutos brancos de pomar. Nota de botão floral e espargo. Lavante, fresco, longo, de boa guarda e mesa.

Quinta do Monte d'Oiro	Branco
5-10 € Quinta do Monte d´Oiro	
13%	2019	Regional Lisboa

89 PTS

BIO. Viognier, Arinto e Marsanne. Cor palha clara. Frutos de pomar, mentas, aromas terrosos. Cheio, longo e salivante. Gastronómico.

Sem Reservas	Branco
2-5 € Casa Santos Lima	
12,5%	2019	Regional Lisboa

90 PTS

Arinto, Fernão-Pires e Moscatel. Cor citrina clara. Nota floral e tropical de casta aromática, boa fruta fresca e menta. Lavante com sucrosidade equilibrada, longo e glacial. Gastronómico. Boa compra.

Valmaduro, Sauvignon Blanc, Premium	Branco
5-10 € Casa Santos Lima	
13%	2019	Regional Lisboa

87 PTS

Sauvignon Blanc. Cor citrina clara. Espargos e outras notas sulfuradas, maracujá entre citrinos. Sucrosidade a equilibrar texturas muito jovens e rugosas.

Cerejeiras	Rosé
2-5 € Companhia Agrícola do Sanguinhal	
12,5%	2019	Regional Lisboa

86 PTS

Lote com Castelão. Água média de granada. Mentas entre os frutos vermelhos. Cheio, fresco, salivante.

ATLÂNTICO DE PORTUGAL **LISBOA**

Cerejeiras, Colheita Selecionada	Rosé
2-5 €	Companhia Agrícola do Sanguinhal

12,5% 2019 | Regional Lisboa

Touriga-Nacional, Castelão e Aragonez. Água média de granada. Mentas entre os frutos vermelhos. Cheio, fresco, salivante.

Colossal, Reserva, *Rosé*

Ver destaque
na página 85

Península de Lisboa	Rosé
5-10 €	Companhia Agrícola do Sanguinhal

12,5% 2019 | Regional Lisboa

Castelão, Aragonez e Touriga-Nacional. Água média de granada. Mentas entre os frutos vermelhos. Cheio, fresco, salivante. Grata sucrosidade final.

Adega da Vermelha, Grande Reserva, *Tinto*

Ver destaque
na página 86

Alteza	Tinto
2-5 €	Casa Santos Lima

13% 2017 | Regional Lisboa

Alfrocheiro, Castelão e Touriga-Franca. Cor granada média, com nuance carmim. Frutado com cacau, leves tostados peitorais. Desenho de doçura a equilibrar taninos viçosos e lavantes. Bom na mesa.

LISBOA ATLÂNTICO DE PORTUGAL

Bonavita	Tinto
2-5 € Casa Santos Lima	
14%	2017	Regional Lisboa

Lote com Touriga-Franca. Cor granada média. Frutado maduro, alicorado, com leve nota de especiaria. Doçura a arredondar o tanino ainda jovem e viçoso. Presença longa e grata à mesa.

Cabo da Roca	Tinto
2-5 € Casca Wines	
13,5%	2016	Regional Lisboa

Syrah, Aragonez e Castelão. Cor granada média, com nuance carmim. Frutado maduro, notas alicoradas de evolução, mentol fresco. Boca elegante, taninos algo protagonistas apesar da sucrosidade.

Cabo da Roca, Merlot, Reserva	Tinto
5-10 € Casca Wines	
13%	2016	Regional Lisboa

Merlot. Cor granada média. Fruto vermelho e groselha negra em licor, pimento grelhado, especiarias. Elegante, fresco, muito longo.

Casa das Gaeiras	Tinto
2-5 € Parras Wines	
13,5%	2019	DOC Óbidos

Syrah, Touriga-Nacional e Tinta-Roriz. Cor granada intensa com nuance carmim. Frutado vivo, leves tostados de especiaria e mentol. Jovens taninos de longa presença e poder lavante. Final fresco de boa mesa.

Casa Santos Lima, Cabernet Sauvignon	Tinto
5-10 € Casa Santos Lima	
14,5%	2017	Regional Lisboa

Cabernet Sauvignon. Cor granada intensa com nuance carmim. Pimento e pimentas, groselha negra em licor, cacau presente. Fresco, tanino viçoso jovem por polir, presença longa e sem desmaios.

ATLÂNTICO DE PORTUGAL **LISBOA**

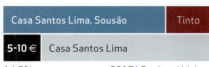 

Casa Santos Lima, Sousão	Tinto
5-10 € Casa Santos Lima	

14,5% 2017 | Regional Lisboa

Sousão. Cor granada intensa com nuance violácea. Frutado maduro, com cacau e pimentas. Notas peitorais. Carnudo, taninos rugosos de longa guarda. Para mesas fartas.

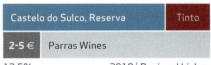 

Castelo do Sulco, Reserva	Tinto
2-5 € Parras Wines	

13,5% 2018 | Regional Lisboa

Touriga-Nacional, Aragonez, Syrah e Alicante Bouschet. Cor granada média. Frutado maduro, leves tostados de especiaria e mentol. Jovens taninos de longa presença e poder lavante. Final fresco de boa mesa.

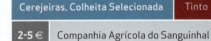

Cerejeiras, Colheita Selecionada	Tinto
2-5 € Companhia Agrícola do Sanguinhal	

12,5% 2018 | Regional Lisboa

Aragonez, Cabernet Sauvignon e Petit Verdot. Cor granada média, com nuance carmim. Vinoso, frutado simples. Tanino jovem, rugoso, sem cobertura. Melhor na mesa.

Colossal, Reserva, *Tinto*

 Ver destaque na página 87

Corvos de Lisboa	Tinto
2-5 € Casa Santos Lima	

14% 2018 | Regional Lisboa

Touriga-Nacional e Tinta-Roriz. Cor granada intensa com nuance carmim. Frutado simples, com especiarias bem desenhadas. Doçura a cobrir o tanino ainda viçoso. Consensual.

LISBOA ATLÂNTICO DE PORTUGAL

Encostas de Lisboa, Reserva	Tinto
2-5 € Encostas de Alqueva	
14%	2018	Regional Lisboa

89 PTS — Castelão, Aragonez e Touriga-Nacional. Cor granada média, com nuance carmim. Especiarias doces entre fruta madura. Tostados presentes. Doçura em desenho de bom balanço com taninos lavantes.

Espírito Santo	Tinto
2-5 € Casa Santos Lima	
15%	2016	Regional Lisboa

86 PTS — Tinta-Roriz e Castelão. Cor granada intensa com nuance carmim. Frutado maduro, alicorado, com leve nota de especiaria. Doçura a arredondar o tanino ainda jovem e viçoso. Presença longa e espirituosa

Lisbonita	Tinto
2-5 € Casa Santos Lima	
13,5%	2018	Regional Lisboa

84 PTS — Lote com Castelão. Cor granada média. Frutado simples com notas alicoradas. Elegante, leve sucrosidade a cobrir tanino rugoso.

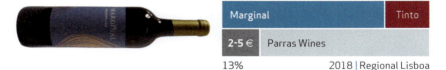

Marginal	Tinto
2-5 € Parras Wines	
13%	2018	Regional Lisboa

85 PTS — Touriga-Nacional, Aragonez e Castelão. Cor granada média. Frutado maduro, leves tostados de especiaria e mentol. Jovens taninos de longa presença e poder lavante. Final fresco de boa mesa.

Maria Afonso	Tinto
2-5 € Adega Cooperativa de Dois Portos	
13,5%	2017	Regional Lisboa

85 PTS — Castelão e Aragonez. Cor granada média, com nuance carmim. Frutado maduro, notas alicoradas de evolução, mentol fresco. Boca elegante, taninos algo protagonistas apesar da sucrosidade.

ATLÂNTICO DE PORTUGAL **LISBOA**

Mina Velha		Tinto
2-5 €	Quinta de S. Sebastião	

13,5%   2018 | Regional Lisboa

Touriga-Nacional e Tinta-Roriz. Cor granada média, com nuance carmim. Ameixa, framboesa, notas de violeta. Texturas sucrosas de grata cobertura o tanino jovem e bem desenhado. Consensual.

Monte Judeu, Touriga-Nacional, *Tinto*

Ver destaque
na página 88

Mula Velha, Premium		Tinto
5-10 €	Parras Wines	

12,5%   2018 | Regional Lisboa

Syrah, Touriga-Nacional e Alicante Bouschet. Cor granada intensa. Tostados de fumo e especiaria, fruta negra secundária, com cacau. Generosa estrutura de taninos de longa presença e poder lavante. Final fresco de boa mesa.

Mula Velha, Reserva		Tinto
5-10 €	Parras Wines	

13%   2018 | Regional Lisboa

Touriga-Nacional, Syrah e Tinta-Roriz. Cor granada média. Frutado maduro, leves tostados de especiaria e mentol. Jovens taninos de longa presença e poder lavante. Final fresco de boa mesa.

Mundus		Tinto
2-5 €	Adega Cooperativa da Vermelha	

13%   2016 | Regional Lisboa

Aragonez e Syrah. Cor granada média. Tostados fáceis e dominantes sobre boa fruta, especiarias e cacau. Desenho doce a equilibrar taninos viçoso e lavantes. De boa mesa.

LISBOA ATLÂNTICO DE PORTUGAL

Mundus, Alicante Bouschet		Tinto
5-10 €	Adega Cooperativa da Vermelha	
13%	2015	Regional Lisboa

87 PTS

Alicante Bouschet. Cor granada intensa com nuance violácea. Tostados peitorais e de especiaria, fruto negro e ameixa. Cheio, raçudo no tanino de guarda longa. Fresco, de boa mesa.

OMG		Tinto
2-5 €	Casa Santos Lima	
14%	2017	Regional Lisboa

89 PTS

Lote com Touriga-Franca. Cor granada intensa com nuance violácea. Frutado maduro, alicorado, com leve nota de especiaria. Doçura a arredondar o tanino ainda jovem e viçoso. Presença longa e grata à mesa.

Palha Canas, *Tinto*

Ver destaque
na página 89

91 PTS

Peripécia, Merlot		Tinto
5-10 €	Quinta do Cerrado da Porta	
13,7%	2018	Regional Lisboa

88 PTS

Merlot. Cor aberta de granada. Fruto vermelho alicorado, especiarias, mentol e eucalipto. Muito elegante, tanino domado, mas vivo, sucrosidade grata.

Peripécia, Pinot Noir		Tinto
5-10 €	Quinta do Cerrado da Porta	
13,8%	2017	Regional Lisboa

88 PTS

Pinot Noir. Cor aberta de granada. Fruto vermelho alicorado, especiarias, mentol e eucalipto. Cheio, tanino domado, mas vivo, sucrosidade grata.

ATLÂNTICO DE PORTUGAL **LISBOA**

Porta 6	Tinto
2-5 € Vidigal Wines	

13,5% 2018 | Regional Lisboa

Aragonez, Castelão e Touriga-Nacional. Cor granada média, com nuance carmim. Tostados de especiaria e mentol antes de framboesa, notas de violeta e cacau. Texturas sucrosas de grata cobertura; o tanino é jovem e bem desenhado. Consensual.

Quinta de S. Francisco, *Tinto*

Ver destaque na página 90

Quinta de S. Sebastião, Colheita, *Tinto*

Ver destaque na página 91

Quinta do Boição, Reserva, *Tinto*

Ver destaque na página 92

S. Sebastião	Tinto
2-5 € Quinta de S. Sebastião	

13,5% 2018 | Regional Lisboa

Syrah e Tinta-Roriz. Cor granada média. Frutado simples, leve tostado peitoral. Sucrosidade grata a cobrir tanino jovem em corpo elegante.

LISBOA ATLÂNTICO DE PORTUGAL

Touriz	Tinto
5-10 € Casa Santos Lima	
14,5% 2016	Regional Lisboa	

90 PTS

Touriga-Nacional, Tinta-Roriz e Touriga-Franca. Cor granada intensa com nuance carmim. Caruma, violeta, framboesa e ameixa, excelente desenho tostado. Muito persistente, tanino bem desenhado, cheio de vida. Poder lavante que a mesa agradece.

Vale da Mata	Tinto
5-10 € Rocim	
14% 2017	Regional Lisboa	

90 PTS

Touriga-Nacional, Tinta-Roriz e Syrah. Cor granada média, com nuance carmim. Caruma, violeta, framboesa e ameixa, especiaria doce. Alongado e sucroso, tanino bem desenhado, cheio de vida. Poder lavante que a mesa agradece.

Vale Perdido, Reserva	Tinto
2-5 € Casa Santos Lima	
13,5% 2016	Regional Lisboa	

86 PTS

Lote com Castelão. Cor granada intensa com nuance violácea. Frutado simples, com baunilhas e outras notas de tostados fáceis e bem desenhados. Doçura a cobrir o tanino ainda viçoso. Consensual.

Voo Real, Seleção de Enólogos, Reserva	Tinto
5-10 € Parras Wines	
13,5% 2018	Regional Lisboa	

87 PTS

Syrah, Touriga-Nacional e Alicante Bouschet. Cor granada intensa. Tostados de fumo e especiaria, fruta negra secundária, com cacau. Generosa estrutura de taninos de longa presença e poder lavante. Final fresco de boa mesa.

Voo Real, Vinhas Velhas	Tinto
10-15 € Parras Wines	
14% 2015	Regional Lisboa	

88 PTS

Alicante Bouschet, Cabernet Sauvignon e Touriga-Nacional. Cor granada intensa. Tostados peitorais, bagos negros e vermelhos, especiaria e fumados de tabaco presentes. Fresco, elegante, final longo e sucroso. Generosa estrutura de taninos de longa presença e poder lavante. Final fresco de boa mesa.

Nesta região, os produtores que incluíram três ou mais vinhos entre as melhores provas são:

- Adega Cooperativa da Vermelha
- Adega Cooperativa de Dois Portos
- Casa Santos Lima
- Companhia Agrícola do Sanguinhal
- Parras Wines
- Quinta de S. Sebastião
- Quinta do Cerrado da Porta

VINHOS TRANQUILOS

•

MONTANHA DE PORTUGAL

TRÁS-OS-MONTES

DOURO E TÁVORA-VAROSA

DÃO

BEIRA INTERIOR

TRÁS-OS-MONTES

A reconhecida qualidade dos vinhos de Trás-os-Montes remonta a tempos romanos, mas só em 1985 a Lei-Quadro das Regiões Demarcadas aprova os estatutos das zonas vitivinícolas de Chaves, Valpaços e Planalto Mirandês. Em 1997, é constituída a Comissão Vitivinícola Regional de Trás-os-Montes, que agrega todas as funções de controlo e certificação das três sub-regiões e os vinhos com Indicação Geográfica Protegida, ditos Regionais Transmontanos.

Apesar das características muito próprias, na região de Trás-os-Montes verifica-se a existência de vários microclimas, que, aliados às diferenças existentes na constituição dos solos, bem como à maior adaptabilidade de determinadas castas, permitem obter vinhos diferenciados.

Na sub-região de Chaves, os solos são essencialmente graníticos, com várias manchas de xisto, a altitude ronda os 350 a 400 m e verifica-se a incidência de valores elevados de pluviosidade e teores elevados de humidade relativa. Tais condições permitem a obtenção de vinhos menos alcoólicos e com menor riqueza em compostos aromáticos e concentração de cor. Comparativamente a estas características, na sub-região de Valpaços, os solos apresentam diferenças significativas, ocorrendo uma maior incidência de manchas de xisto, existindo muitas zonas de transição com solos graníticos, a altitude ronda os 400 a 700 m. No que se refere ao clima, verifica-se a ocorrência de temperaturas mais elevadas durante o verão e valores mais baixos de humidade relativa, bem como valores inferiores de pluviosidade. Tais características permitem obter vinhos mais alcoólicos, mais encorpados, robustos e estruturados.

Na sub-região do Planalto Mirandês, os solos são essencialmente xistosos, a altitude ronda os 350 a 600 m, verifica-se a ocorrência de grandes amplitudes térmicas e baixos teores de humidade relativa, bem como a incidência de ventos. Tais características permitem por um lado um maior controlo da vinha, uma vez que estas características inibem o desenvolvimento de certas doenças, e por outro lado a obtenção de vinhos ricos em açúcares e álcool, aromáticos e estruturados, mas bem mais suaves do que os produzidos nas outras sub-regiões.

A todas estas características associa-se ainda a adaptabilidade de determinadas castas ao clima e ao solo das respetivas sub-regiões, estando definidas na legislação castas comuns às três sub-regiões, mas também castas específicas para cada uma delas. Todas estas especificidades definem o *terroir* da região de Trás-os-Montes e explicam a grande diversidade de vinhos obtidos.

Eng.º Francisco Pavão
Presidente da Comissão Vitivinícola Regional de Trás-os-Montes

EM DESTAQUE ★ TOP 100 ★ EM DESTAQUE ★ TOP 100 ★ EM DESTAQUE

Quinta do Sobreiró de Cima, Gewürztraminer & Sauvignon Blanc
Quinta do Sobreiró de Cima

Branco

| 10-15 € | 2019 \| Regional Transmontano | 13% |

Gewürztraminer e Sauvignon Blanc. Cor citrina clara. Mentas, rosa, maracujá entre tropicais, leve nuance vegetal. Longo e salivante, texturas firmes e de mesa delicada.

EM DESTAQUE ★ TOP 100 ★ EM DESTAQUE ★ TOP 100 ★ EM DESTAQUE

Quinta do Sobreiró de Cima, Reserva
Quinta do Sobreiró de Cima
Branco

| 5-10 € | 2018 | DOC Trás-os-Montes | 13% |

Códega-do-Larinho e Moscatel-Galego-Branco. Cor palha média. Tostados de especiaria doce, com mentas e fruta tropical. Cremoso, salivante, longo e de mesa grata.

EM DESTAQUE ★ TOP 100 ★ EM DESTAQUE ★ TOP 100 ★ EM DESTAQUE

Quinta das Corriças, Tinta-Amarela
Sociedade Agrícola Quinta das Corriças
Tinto

| 2-5 € | 2018 | DOC Trás-os-Montes | 14% |

Tinta-Amarela. Cor granada intensa com nuance violácea. Terroso e profundo nos aromas de mato molhado, especiaria negra e bagos, mineralidade presente. Grata sucrosidade num vinho de extração natural de tanino maduro e de corpo sumarento. De boa guarda e mesa farta. Impressionante relação qualidade-preço.

EM DESTAQUE ★ TOP 100 ★ EM DESTAQUE ★ TOP 100 ★ EM DESTAQUE

Quinta das Corriças, Reserva
Sociedade Agrícola Quinta das Corriças
Tinto

| 5-10 € | 2017 | DOC Trás-os-Montes | 14% |

Touriga-Nacional e Tinta-Amarela. Cor granada intensa com nuance violácea. Violetas, caruma, bagos vermelhos, ameixa, leves tostados de especiaria. Rico de aromas e sabores. Textura carnuda, tanino viçoso de longa educação. Vinho fresco e gastronómico.

EM DESTAQUE ★ TOP 100 ★ EM DESTAQUE ★ TOP 100 ★ EM DESTAQUE

Valle Pradinhos, Reserva
Maria Antónia Pinto de Azevedo Mascarenhas
Tinto

10-15 € | 2017 | Regional Transmontano | 14%

Tinta-Amarela, Cabernet Sauvignon e Touriga-Nacional. Cor granada média com nuance carmim. Madeiras peitorais e de especiaria, ainda por casar com a fruta vermelha, a ameixa e as violetas. Elegante, sucroso, tanino com bom desenho e melhor vida futura.

MONTANHA DE PORTUGAL **TRÁS-OS-MONTES**

Casal Cordeiro	Branco
2-5 € Carlos Manuel Moutinho Cordeiro	

13% 2018 | DOC Trás-os-Montes

Síria, Viosinho e Rabigato. Cor citrina clara. Tímido nos aromas, nuance vegetal e de mentas, fruta branca. Boca mais impressionante, com excelente acidez, textura firme e sem desmaios.

Delectatio	Branco
2-5 € Delectatio Import/Export Produtos Alimentares do Nordeste	

13% 2018 | DOC Trás-os-Montes

Vinhas Velhas. Cor citrina clara. Tímido e limpo nos aromas de fruta branca, nota de cogumelo e espargo. Cremoso, fresco, mastigável, muito natural.

Encostas de Sonim, Reserva	Branco
5-10 € Sociedade Agrícola Encostas de Sonim	

13% 2018 | DOC Trás-os-Montes

Códega-do-Larinho, Viosinho e Arinto. Cor palha média. Fruta madura, branca, com rebuçado. Notas de flores e fruta tropical. Boca média, sucrosa, com excelente acidez e prolongamento.

Quinta do Sobreiró de Cima, Gewürztraminer & Sauvignon Blanc, *Branco*

Ver destaque
na página 110

Quinta do Sobreiró de Cima	Branco
2-5 € Quinta do Sobreiró de Cima	

12,5% 2019 | DOC Trás-os-Montes

Verdelho, Códega-do-Larinho e Moscatel-Galego-Branco. Cor palha clara. Mentas, seiva e flores, fruta tropical dominante. Expressivo. Cremoso, fresco e alongado, com vibração, muito grata à mesa.

Quinta do Sobreiró de Cima, Reserva, *Branco*

Ver destaque na página 111

Sonnini		Branco
2-5 €	Sociedade Agrícola Encostas de Sonim	
11%		2018 | Regional Transmontano

Castas Tradicionais. Cor citrina clara. Tímido e limpo nos aromas de pedra lascada com citrino e fruta branca. Nota frisante com sucrosidade, longo e sem desmaios.

Valle Pradinhos, Reserva		Branco
10-15 €	Maria Antónia Pinto de Azevedo Mascarenhas	
13,5%		2018 | Regional Transmontano

Gewürztraminer, Riesling e Malvasia-Fina. Cor citrina clara. Rosa e líchia, rebuçado de fruta, infusão herbal. Volumoso, desenho de texturas sedosas, mas firmes. Final com notas de mel.

Valle Pradinhos		Rosé
5-10 €	Maria Antónia Pinto de Azevedo Mascarenhas	
12,5%		2019 | DOC Trás-os-Montes

Touriga-Nacional e Tinta-Roriz. Cor framboesa clara. Nota fragrante de morango, secundada por seiva e fruto tropical. Desenho médio, com texturas densas de acabamento atempado e sem desmaios.

Delectatio		Tinto
2-5 €	Delectatio Import/Export Produtos Alimentares do Nordeste	
14%		2017 | DOC Trás-os-Montes

Tinta-Amarela, Tinta-Roriz e Touriga-Franca. Cor granada intensa com nuance carmim. Fósforo antes de boa fruta vermelha e preta. Tanino com secura, corpo mastigável de melhor revelação à mesa. Longo e sem desmaios.

Encostas do Trogão	Tinto
5-10 € IVIN (Adega Cooperativa do Rabaçal)	
14,5%	2018	Regional Transmontano

Tinta-Amarela, Tinta-Roriz e Bastardo. Cor granada intensa com nuance carmim. Fruto vermelho limpo e expressivo, leve tosta de cacau e moca. Corpo sumarento, com tanino generoso e de boa evolução. Consensual e de boa mesa.

Encostas do Trogão, Reserva	Tinto
5-10 € IVIN (Adega Cooperativa do Rabaçal)	
14%	2015	DOC Trás-os-Montes

Tinta-Roriz, Trincadeira e Touriga-Nacional. Cor granada média. Tostados peitorais, licores de ameixa e bagos, especiaria e fumados presentes. Fresco, elegante, final longo e sucroso.

Quinta das Corriças, Tinta-Amarela, *Tinto*

Ver destaque na página 112

Quinta das Corriças, Reserva, *Tinto*

Ver destaque na página 113

Quinta do Sobreiró de Cima	Tinto
2-5 €	Quinta do Sobreiró de Cima
14%	2018	Regional Transmontano

Touriga-Nacional, Trincadeira e Cabernet-Sauvignon. Cor granada média. Ameixa e cereja em licor, algum bago, seiva e flor. Elegante, alongado com final sucroso. Consensual.

TRÁS-OS-MONTES MONTANHA DE PORTUGAL

Quinta do Sobreiró de Cima, Touriga-Nacional		Tinto
5-10 €	Quinta do Sobreiró de Cima	
14%	2018	DOC Trás-os-Montes

Touriga-Nacional. Cor granada intensa com nuance carmim. Violeta, ameixa preta, bagos, tostados discretos com especiarias e cacau. Cremoso nas texturas, elegante na estrutura, longo, salivante, para mesas exigentes.

Quinta do Sobreiró de Cima, Reserva		Tinto
5-10 €	Quinta do Sobreiró de Cima	
13,5%	2017	DOC Trás-os-Montes

Touriga-Nacional, Trincadeira e Bastardo. Cor granada média com nuance carmim. Tostados fáceis de especiaria e moca, frutos vermelhos e ameixa preta madura. Boca sucrosa e alongada, taninos bem desenhados, final fresco e salivante.

Seixedo		Tinto
2-5 €	IVIN (Adega Cooperativa do Rabaçal)	
14,5%	2018	Regional Transmontano

Trincadeira, Tinta-Roriz e Bastardo. Cor granada intensa com nuance carmim. Fruto vermelho limpo e expressivo, leve tosta de cacau e moca. Corpo sumarento, com tanino generoso e de boa evolução. Consensual e de boa mesa.

Seixedo, Reserva		Tinto
5-10 €	IVIN (Adega Cooperativa do Rabaçal)	
14%	2015	DOC Trás-os-Montes

Tinta-Roriz, Trincadeira e Touriga-Nacional. Cor granada média. Tostados peitorais, licores de ameixa e bagos, especiaria e fumados presentes. Fresco, elegante, final longo e sucroso.

Valle Pradinhos, Reserva, *Tinto*

Ver destaque
na página 114

Vinhas de Rebordelo	Tinto
5-10 €	IVIN (Adega Cooperativa do Rabaçal)

14,5%   2018 | Regional Transmontano

Tinta-Amarela, Tinta-Roriz e Bastardo. Cor granada intensa com nuance carmim. Fruto vermelho limpo e expressivo, leve tosta de cacau e moca. Corpo sumarento, com tanino generoso e de boa evolução. Consensual e de boa mesa.

Nesta região, os produtores que incluíram três ou mais vinhos entre as melhores provas são:

- IVIN (Adega Cooperativa do Rabaçal)
- Maria Antónia Pinto de Azevedo Mascarenhas
- Quinta do Sobreiró de Cima

DOURO E TÁVORA-VAROSA

Construir confiança

Um consumidor esclarecido é o objetivo último da promoção que é feita a um vinho. Pretende-se que o consumidor confie em quem lhe propõe o vinho, na sua honestidade. E o consumidor pretende não sair defraudado na aquisição que faz, mas sim recompensado no investimento que possa realizar. Aí começa a perceção da qualidade e a confiança que o consumidor depõe em quem o aconselha.

A perceção da qualidade tem assumido, ao longo dos tempos, vários estádios de exigência, evoluindo com o esclarecimento do consumidor. Se dantes o palpite de um amigo persuasivo bastava para induzir uma compra, o consumidor atual vai procurar algo mais. Hoje, pede-se a opinião a provadores qualificados, se possível integrados em júris que sigam critérios fixados por normas internacionais. Exige-se que a prova seja uma atividade profissional credível, pois dela dependem decisões: seja a simples decisão de compra que um consumidor faz de uma garrafa que vê e não lhe parece barata, seja a decisão de certificação de uma denominação de origem, que seguramente vai afetar o posicionamento do vinho no mercado. Sumariamente, a definição de qualidade é complexa por estar relacionada com fatores de evolução tecnológica, dependente do gosto dos consumidores, da utilização das castas e da própria cultura de cada país.

É com muito orgulho que pude observar o percurso qualitativo extraordinário que os vinhos tiveram nas últimas décadas, em Portugal. Tal sucesso foi fruto de circunstâncias várias, especialmente do nível de formação elevado de uma geração de enólogos que ajudou a rejuvenescer todo o setor. A DOP Porto e a DOP Douro são exemplo disso e, também, o grande contributo do rigoroso critério de apreciação sensorial na certificação que lhes está subjacente, que por si só serviria para assegurar ao consumidor uma qualidade ímpar desses vinhos. Mas o consumidor quer, normalmente, uma contextualização dos vinhos, *rankings* de qualidade, os quais, enquanto instituição pública neutral, não podemos estabelecer, muito menos divulgar.

E o consumidor está, seguramente, ávido dessa informação, o que dá lugar às publicações como aquela que aqui se apresenta.

Este livro ajudará, assim, muitos consumidores a descobrir e contextualizar vinhos excelentes e daí a sua valia, enquanto vetor de informação complementar à certificação, configurando-se como instrumento criador de confiança.

Dr. Gilberto Igrejas
Presidente do Instituto dos Vinhos do Douro e do Porto, I.P.

EM DESTAQUE ★ TOP 100 ★ EM DESTAQUE ★ TOP 100 ★ EM DESTAQUE

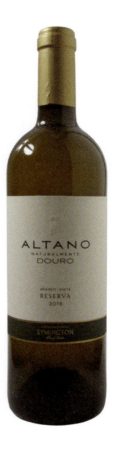

Altano, Reserva
Symington Family Estates
Branco

| 10-15 € | 2018 | DOC Douro | 13% |

Lote com Arinto. Cor citrina clara. Fumados de terra e tosta, especiaria com fruto de pomar. Amplo, sucroso, lavante, longo e gastronómico.

DESTAQUE ★ TOP 100 ★ EM DESTAQUE ★ TOP 100 ★ EM DESTAQUE

H.O., Reserva
Casa Agrícola Horta Osório
Branco

| 10-15 € | 2018 | DOC Douro | 13% |

Vinhas Velhas. Cor citrina clara. Mentas, tomateiro, esteva, notas minerais e terrosas. Sucroso, amplo e lavante, fresco, salivante, persistente. Cremosidade superior. Aplaudido à mesa.

EM DESTAQUE ★ TOP 100 ★ EM DESTAQUE ★ TOP 100 ★ EM DESTAQU

Murganheira
Murganheira Sociedade Agrícola e Comercial do Varosa

Rosé

| 2-5 € | 2019 | DOC Távora-Varosa | 12,5% |

Touriga-Franca, Touriga-Nacional e Pinot Noir. Água méda de rubi. Explosão de fruto vermelho, notas doces de padaria, leve nuance floral. Boca de sucrosidade natural, prolongamento glacial e salivante. Muito gastronómico e sério.

EM DESTAQUE ★ TOP 100 ★ EM DESTAQUE ★ TOP 100 ★ EM DESTAQUE

Altano, Reserva
Symington Family Estates
Tinto

| 10-15 € | 2016 | DOC Douro | 13,7% |

Vinhas Velhas. Cor granada intensa com nuance violácea. Tostados de especiaria, fumo e café, muito peitoral, esteva entre bagos e framboesa. Cremoso, longo, fresco, tanino bem desenhado com poder lavante que a mesa agradece.

EM DESTAQUE ★ TOP 100 ★ EM DESTAQUE ★ TOP 100 ★ EM DESTAQUE

Manoella
Wine & Soul
Tinto

| 5-10 € | 2017 \| DOC Douro | 14,5% |

Lote com Touriga-Nacional. Cor granada intensa com nuance carmim. Tostados discretos de especiaria e notas peitorais, bagos com violeta, caruma e esteva. Terroso. Mastigável, taninos por polir, bem cobertos por notas naturais de sucrosidade. Longo e lavante. De mesa rica.

EM DESTAQUE ★ TOP 100 ★ EM DESTAQUE ★ TOP 100 ★ EM DESTAQUE

Pombal do Vesúvio
Symington Family Estates
Tinto

| 10-15 € | 2017 \| DOC Douro | 14,4% |

Lote com Touriga-Nacional. Cor granada intensa com nuance carmim. Fruto vermelho e bagos em harmonia com fumados de terra e tosta, especiarias e cacau. Esteva e violeta presentes. Elegante, feliz desenho sucroso a cobrir taninos finos, mas em plena educação. Rei na mesa.

EM DESTAQUE ★ TOP 100 ★ EM DESTAQUE ★ TOP 100 ★ EM DESTAQUE

Prazo de Roriz
Prats & Symington
Tinto

| 5-10 € | 2017 \| DOC Douro | 14,2% |

Lote com Touriga-Nacional. Cor granada intensa com nuance violácea. Violeta, caruma, framboesa entre bagos, fumados de especiaria e cacau. Sucroso, com feliz arredondamento de taninos ainda por polir. Longo, salivante, gastronómico.

Vale D. Maria, Douro Superior
Quinta Vale D. Maria
Tinto

| 5-10 € | 2017 | DOC Douro | 15% |

Lote com Touriga-Nacional. Cor granada intensa com nuance carmim. Violeta, caruma, framboesa entre bagos, fumados de especiaria e cacau. Sucroso, com feliz arredondamento de taninos ainda por polir. Longo, salivante, gastronómico.

EM DESTAQUE ★ TOP 100 ★ EM DESTAQUE ★ TOP 100 ★ EM DESTAQUE

Zom, Reserva
Barão de Vilar Vinhos
Tinto

| 5-10 € | 2017 | DOC Douro | 13,5% |

Lote com Touriga-Nacional. Cor granada média. Notas peitorais e especiadas, licor de bagos e fruta vermelha. Nuance floral. Fresco, desenho polido de taninos longos e de boa guarda, densidade conversadora e lavante. Vinho grato à mesa.

MONTANHA DE PORTUGAL **DOURO E TÁVORA-VAROSA**

370 Léguas — Branco
5-10 € Parras Wines
13,5%   2019 | DOC Douro

Moscatel-Galego-Branco, Viosinho e Malvasia-Fina. Cor citrina clara. Citrinos e fruto tropical, notas florais apagadas, com pastelaria. Fresco, glicerinado, longo, salivante.

88 PTS

Altano — Branco
2-5 € Symington Family Estates
12,5%   2019 | DOC Douro

Lote com Viosinho. Cor citrina clara. Botão floral, mentas, papaia. Expressivo e limpo. Sucroso, corpo tenso e lavante, de média dimensão. Longo e gastronómico.

90 PTS

Altano, Reserva, *Branco*

91 PTS

Ver destaque na página 122

Bota Velha, Colheita — Branco
5-10 € IVIN
12,5%   2018 | DOC Douro

Lote com Malvasia-Fina. Cor citrina clara. Pomar maduro, mentas com especiaria, citrino refrescante. Mais longo do que largo, frescura atrevida, de boa mesa.

87 PTS

Burmester — Branco
5-10 € Sogevinus Fine Wines
13%   2019 | DOC Douro

Lote com Malvasia-Fina. Cor citrina clara. Tropicalidades com notas florais e de ervas de infusão. Expressivo. Cremoso, elegante e alongado, bom desenho fresco, sem desmaios.

89 PTS

DOURO E TÁVORA-VAROSA MONTANHA DE PORTUGAL

Duorum, Colheita		Branco
5-10 €	J. Portugal Ramos	
13%		2018 | DOC Douro

89 PTS Lote com Malvasia-Fina. Cor citrina clara. Especiarias e tostados leves, peitorais, fumado de terra e tosta, pomar maduro e mentas. Cremoso, amplo, alongado, de boa mesa.

H.O., Colheita		Branco
5-10 €	Casa Agrícola Horta Osório	
12,5%		2018 | DOC Douro

90 PTS Vinhas Velhas. Cor citrina média. Mentas, tomateiro, esteva, notas minerais e terrosas. Sucroso, amplo e lavante, fresco, salivante, persistente. Aplaudido à mesa.

H.O., Moscatel-Galego		Branco
5-10 €	Casa Agrícola Horta Osório	
12,5%		2018 | DOC Douro

88 PTS Moscatel-Galego Branco. Cor citrina clara. Rosa, líchia, papaia, muito típico da casta. Longo, médio, grata frescura. De boa mesa.

H.O., Reserva, *Branco*

Ver destaque na página 123

Kopke		Branco
5-10 €	Sogevinus Fine Wines	
13%		2019 | DOC Douro

89 PTS Lote com Arinto. Cor palha clara. Tropicalidades com notas florais e de ervas de infusão. Expressivo. Cremoso, elegante e alongado, bom desenho fresco, sem desmaios.

MONTANHA DE PORTUGAL **DOURO E TÁVORA-VAROSA**

Manoella	Branco
5-10 € Wine & Soul	

12% 2019 | DOC Douro

Vinhas Velhas. Cor citrina clara. Botão floral, mentas, papaia. Expressivo e limpo. Nota frisante. Sucroso, corpo tenso e lavante, de média dimensão. Longo e gastronómico.

Tons de Duorum	Branco
2-5 € Duorum J. Portugal Ramos Vinhos	

12,5% 2019 | DOC Douro

Lote com Viosinho. Cor citrina clara. Botão floral, mentas, papaia. Expressivo e limpo. Sucroso, corpo tenso e lavante, de média dimensão. Longo e gastronómico.

Vallado	Branco
5-10 € Quinta do Vallado	

12% 2019 | DOC Douro

Lote com Arinto. Cor citrina clara. Botão floral, mentas, papaia. Expressivo e limpo. Sucroso, corpo tenso e lavante, de média dimensão. Longo e gastronómico.

Vallado, Prima	Branco
5-10 € Quinta do Vallado	

12,5% 2019 | DOC Douro

Moscatel-Galego-Branco. Cor palha clara. Rosa, líchia, papaia, muito típico da casta. Longo, médio, grata frescura. Lavante e gastronómico.

Golpe	Rosé
5-10 € Família Carvalho Martins	

12,5% 2018 | DOC Douro

Touriga-Nacional e Tinto-Cão. Água média de granada. Muita fruta vermelha, notas doces de pastelaria, guloso e firme. Sucroso, lavante, persistente e de boa mesa.

Murganheira, *Rosé*

Ver destaque
na página 124

Vallado, Touriga Nacional	Rosé
5-10 € Quinta do Vallado	
12,5%	2019	DOC Douro

88 PTS — Touriga-Nacional. Água média de topázio. Botão floral, fruto vermelho com evolução. Alongado, fresco, salivante, de boa mesa.

370 Léguas	Tinto
5-10 € Parras Wines	
13%	2017	DOC Douro

89 PTS — Touriga-Nacional, Tinta-Barroca e Tinta-Roriz. Cor granada intensa com nuance carmim. Frutado maduro com cacau, leves tostados doces. Caruma presente. Tanino bem domado, jovem e com rugosidade que a mesa agradece. Muito longo.

370 Léguas, Reserva	Tinto
5-10 € Parras Wines	
13%	2016	DOC Douro

89 PTS — Touriga-Franca, Tinta-Roriz e Touriga-Nacional. Cor granada intensa com nuance carmim. Frutado maduro com cacau, leves tostados doces. Caruma presente. Tanino bem domado, jovem e com rugosidade que a mesa agradece. Muito longo.

Altano	Tinto
2-5 € Symington Family Estates	
14%	2018	DOC Douro

87 PTS — Lote com Touriga-Franca. Cor granada intensa com nuance violácea. Puro, vinoso, fruto vermelho, bagos, violeta, pinhal e esteva. Elegante, tanino por polir, austero, com poder lavante que a mesa agradece.

MONTANHA DE PORTUGAL **DOURO E TÁVORA-VAROSA**

Altano, Biológico	Tinto
5-10 € Symington Family Estates	

14,3% 2018 | DOC Douro

BIO. Vinhas Velhas. Cor granada intensa com nuance violácea. Puro, vinoso, fruto vermelho, bagos, violeta, pinhal e esteva. Mastigável. Sucrosidade a arredondar tanino por polir, com poder lavante que a mesa agradece.

90 PTS

Altano, Reserva, *Tinto*

91 PTS

Ver destaque
na página 125

Arrobeiros, Reserva	Tinto
2-5 € João Russo Monteiro	

14% 2016 | DOC Douro

Lote com Tinta-Roriz. Cor granada intensa com nuance carmim. Fruto vermelho e bagos compotados, cacau presente, leve nota vinosa. Taninos de média austeridade e forte poder lavante que a mesa agradece.

85 PTS

Bota Velha, Colheita	Tinto
5-10 € IVIN	

13,5% 2018 | DOC Douro

Lote com Touriga-Franca. Cor granada intensa com nuance violácea. Puro, vinoso, fruto vermelho, bagos, violeta, pinhal e esteva, nota discreta, de especiarias e cacau. Mastigável, tanino por polir, com poder lavante que a mesa agradece. Muito persistente.

90 PTS

Burmester	Tinto
5-10 € Sogevinus Fine Wines	

13% 2017 | DOC Douro

Lote com Tinta-Roriz. Cor granada média com nuance carmim. Fruto vermelho e bago com leves especiarias, vinosidade presente entre violeta. Longo, tanino por polir, grata sucrosidade que amaina desenho austero. Bom de mesa.

85 PTS

DOURO E TÁVORA-VAROSA MONTANHA DE PORTUGAL

H.O., Colheita	Tinto
5-10 € Casa Agrícola Horta Osório	
14%	2017	DOC Douro

 87 PTS

Vinhas Velhas. Cor granada média com nuance carmim. Tostados de especiaria, fumo e café, lembrança de *bacon*, esteva entre bagos e framboesa. Austero, longo, fresco, tanino por polir, com poder lavante que à mesa agradece.

Hidrângeas, Reserva	Tinto
5-10 € Lusovini Ares do Douro	
14%	2018	DOC Douro

 86 PTS

Lote com Touriga-Nacional. Cor granada intensa com nuance carmim. Compotas de fruto vermelho e bagos, esteva e notas de violeta. Especiaria presente. Maduro no tanino suave, longo e sem desmaios.

Lello, Reserva	Tinto
5-10 € Sociedade dos Vinhos Borges	
12,5%	2017	DOC Douro

 90 PTS

Lote com Touriga-Nacional. Cor granada intensa. Alicorados de bagos, notas peitorais de mentol, especiarias e cacau presentes. Sucroso, amplo, desenho acertado de taninos e de notas frescas. Superior.

Maçanita	Tinto
5-10 € Maçanita Vinhos	
13,5%	2018	DOC Douro

89 PTS

Lote com Touriga-Nacional. Cor granada intensa com nuance violácea. Vinoso, fruto vermelho e ameixa. Complexo de esteva e especiaria. Violeta presente. Elegante na dimensão, com taninos por polir, algo rugosos e austeros. Melhor à mesa.

Manoella, *Tinto*

Ver destaque na página 126

 91 PTS

MONTANHA DE PORTUGAL **DOURO E TÁVORA-VAROSA**

Murganheira	Tinto
2-5 € Murganheira Sociedade Agrícola e Comercial do Varosa	

14%   2018 | DOC Távora-Varosa

Touriga-Nacional, Tinta-Roriz e Touriga-Franca. Cor granada intensa com nuance carmim. Vinosidade de um desenho natural, fruto vermelho e bago negro bem evoluídos. Boca longa, fresca, tanino austero de longa educação, boa aptidão para a mesa.

Palavrar	Tinto
5-10 € Lusovini Ares do Douro	

14%   2018 | DOC Douro

Lote com Touriga-Nacional. Cor granada intensa com nuance violácea. Tostados de especiaria, baunilha e lactona, muito peitoral, esteva entre bagos e framboesa. Cremoso, longo, fresco, tanino bem desenhado com poder lavante que a mesa agradece.

Pombal do Vesúvio, *Tinto*

Ver destaque na página 127

Post-Scriptum	Tinto
10-15 € Prats & Symington	

14,5%   2018 | DOC Douro

Lote com Touriga-Nacional. Cor granada intensa com nuance violácea. Puro, vinoso, fruto vermelho, bagos, violeta, pinhal e esteva. Mastigável. Sucrosidade a arredondar tanino por polir, com poder lavante que a mesa agradece.

Prazo de Roriz, *Tinto*

Ver destaque na página 128

DOURO E TÁVORA-VAROSA MONTANHA DE PORTUGAL

Proeza	Tinto
2-5 €	Barão de Vilar Vinhos
13%	2018	DOC Douro

84 PTS — Lote com Touriga-Nacional. Cor granada média. Vinoso e alicorado de fruto vermelho e ameixa. Canela na evolução. Adocicado, longo, comercial.

Quinta do Ataíde	Tinto
10-15 €	Symington Family Estates
13,6%	2016	DOC Douro

89 PTS — Lote com Touriga-Nacional. Cor granada intensa com nuance carmim. Tostados de especiaria, fumo e café, muito peitoral, esteva entre bagos e framboesa. Cremoso, longo, fresco, tanino por polir, com poder lavante que a mesa agradece.

Quinta dos Poços, Colheita	Tinto
5-10 €	Sociedade Agrícola José Mesquita Guimarães
14,5%	2017	DOC Douro

88 PTS — Lote com Touriga-Nacional. Cor granada média. Puro, vinoso, frutos vermelhos e bagos, cacau, esteva e caruma presentes. Sucrosidade a equilibrar tanino jovem em pleno polimento. Vinho gastronómico.

Tavedo	Tinto
2-5 €	Sogevinus Fine Wines
12,5%	2019	DOC Douro

82 PTS — Lote com Touriga-Franca. Cor granada média com nuance violácea. Vinoso, fruto vermelho e ameixa. Simples. Médio na dimensão, com taninos por polir, algo rugosos e austeros. Melhor à mesa.

Vale D. Maria, Douro Superior, *Tinto*

Ver destaque
na página 129

MONTANHA DE PORTUGAL **DOURO E TÁVORA-VAROSA**

Vallado		Tinto
5-10 €	Quinta do Vallado	

14% 2018 | DOC Douro

Lote com Touriga-Franca. Cor granada intensa com nuance carmim. Puro, vinoso, frutos vermelhos, bagos, violeta, pinhal e esteva, nota discreta de especiarias e cacau.. Elegante, tanino por polir, com poder lavante que a mesa agradece.

Zom, Reserva, *Tinto*

Ver destaque
na página 130

Nesta região, os produtores que incluíram três ou mais vinhos entre as melhores provas são:

- Barão de Vilar Vinhos
- Casa Agrícola Horta Osório
- Murganheira Sociedade Agrícola e Comercial do Varosa
- Parras Wines
- Quinta do Vallado
- Sogevinus Fine Wines
- Symington Family Estates

DÃO

Primeira região demarcada de vinhos não licorosos em Portugal, o Dão é centenário e procura recuperar o protagonismo que outrora já teve. Apesar do tempo perdido e do esquecimento a que esteve votado por algumas instituições e políticas públicas (coisas que já fazem parte do passado...), o Dão possui todas as condições necessárias e suficientes para a produção de vinhos de primeira grandeza: castas emblemáticas (como a tinta Touriga-Nacional ou a branca Encruzado), solos de exceção, *terroir* e clima invejáveis, cultura e paixão pela atividade.

É pois chegado o momento de concretizar as expectativas que a natureza proporcionou à região, que o homem tem moldado ao longo de gerações e que a crítica internacional tem elogiado insistentemente nos últimos anos.

O Dão enfrenta o desafio da modernidade, da reafirmação nos mercados interno e externo, da necessidade de aumentar a quota de mercado, de revitalizar o conhecimento e a investigação vitícolas, de intensificar a mediatização.

Provar e apreciar a elegância do vinho do Dão deverá ser mais do que um desejo para os apreciadores. Pedir um Dão deverá concretizar-se numa escolha quotidiana, seja a solo ou entre amigos, seja para celebrar uma data especial ou simplesmente para acompanhar uma refeição. E, já agora, não esquecer de guarnecer a garrafeira de guarda, pois estamos perante vinhos de excecional potencial de envelhecimento.

A Comissão Vitivinícola Regional do Dão convida-o a redescobrir o vinho do Dão!

Eng.º Arlindo Cunha
Presidente da Comissão Vitivinícola Regional do Dão

EM DESTAQUE ★ TOP 100 ★ EM DESTAQUE ★ TOP 100 ★ EM DESTAQUE

Cabriz, Reserva
Global Wines
Branco

| 5-10 € | 2018 | DOC Dão | 13% |

Encruzado. Cor citrina média. Tostados de especiaria doce, fumados de terra e tosta, mentas, fruta branca e amarela. Rico. Sucroso, envolvente, salivante, frescura bem trabalhada, gastronómico. Superior.

EM DESTAQUE ★ TOP 100 ★ EM DESTAQUE ★ TOP 100 ★ EM DESTAQU

Fonte do Ouro, Encruzado, Reserva Especial
Sociedade Agrícola Boas Quintas
Branco

| 10-15 € | 2019 | DOC Dão | 13,5% |

Encruzado. Cor palha média. Tostados de especiaria doce, fumados de terra e tosta, mentas e iogurte, fruta branca e amarela. Rico. Sucroso, envolvente, salivante, frescura bem trabalhada, gastronómico. Superior.

Opta, Encruzado
Sociedade Agrícola Boas Quintas
Branco

| 5-10 € | 2019 | DOC Dão | 13% |

Encruzado. Cor palha média. Mineralidade antes de fruta branca e amarela. Menta e especiaria presentes. Muito tenso e persistente, acidez lavante e gastronómica. Vinho com personalidade.

EM DESTAQUE ★ TOP 100 ★ EM DESTAQUE ★ TOP 100 ★ EM DESTAQU

Pedra Cancela, Reserva
Lusovini Pedra Cancela Vinhos do Dão
Branco

| 10-15 € | 2018 | DOC Dão | 12,5% |

Encruzado e Malvasia-Fina. Cor citrina clara. Fumados de terra e tosta, mentas frescas, fruta de caroço como alperce. Rico. Longo, denso, lavante, gastronómico. Qualidade superior.

DESTAQUE ★ TOP 100 ★ EM DESTAQUE ★ TOP 100 ★ EM DESTAQUE

Quinta do Vale, Premium
Sotavinhos (Seacampo Casa Américo)
Branco

| 5-10 € | 2019 | DOC Dão | 13% |

Cerceal-Branco, Bical e Encruzado. Cor citrina clara. Fruta cítrica e branca, leve rebuçado e especiaria. Limpo. Nota frisante que refresca e prolonga a prova. Vinho salivante e sem desmaios. Gastronómico.

Casa Américo
Seacampo Casa Américo
Rosé

| 5-10 € | 2019 \| DOC Dão | 12% |

Touriga-Nacional e Alfrocheiro. Água clara de topázio. Expressivo na framboesa e pêssego, mentas presentes. Sucrosidade bem desenhada e compensada por leve nota frisante e excelente acidez. Vinho salivante e gastronómico. Superior.

EM DESTAQUE ★ TOP 100 ★ EM DESTAQUE ★ TOP 100 ★ EM DESTAQUE

Adega de Penalva, Reserva
Adega Cooperativa de Penalva do Castelo
Tinto

| 5-10 € | 2016 | DOC Dão | 13% |

Touriga-Nacional, Tinta-Roriz e Jaen. Cor granada intensa com nuance carmim. Tostados de especiaria negra e doce, frutos vermelhos e ameixa alicorada. Violeta e caruma presentes. Nariz bem evoluído. Longo, elegante, tanino domado, mas com vida pela frente. Gastronómico.

EM DESTAQUE ★ TOP 100 ★ EM DESTAQUE ★ TOP 100 ★ EM DESTAQUE

Cabriz, Reserva
Global Wines
Tinto

| 5-10 € | 2016 | DOC Dão | 13,5% |

Touriga-Nacional, Alfrocheiro e Aragonez. Cor granada intensa com nuance carmim. Atourigado, com violeta e caruma, framboesa entre aromas de tosta, couro e especiaria. Tanino bravio em corpo rico e sucroso. Vinoso e internacional.

DESTAQUE ★ TOP 100 ★ EM DESTAQUE ★ TOP 100 ★ EM DESTAQUE

Fonte do Ouro, Reserva
Sociedade Agrícola Boas Quintas
Tinto

| 10-15 € | 2018 | DOC Dão | 13% |

Touriga-Nacional, Tinta-Roriz, Alfrocheiro e Jaen. Cor granada intensa com nuance carmim. Violeta antes de frutos com cacau, tostados e especiaria doce. Nota de caruma e bergamota. Mastigável e alongado, taninos jovens, generosos e por domar, apesar de alguma sucrosidade. Gastronómico.

EM DESTAQUE ★ TOP 100 ★ EM DESTAQUE ★ TOP 100 ★ EM DESTAQUE

Pedra Cancela, Reserva
Lusovini Pedra Cancela Vinhos do Dão
Tinto

| 10-15 € | 2016 \| DOC Dão | 13,5% |

Touriga-Nacional, Alfrocheiro e Tinta-Roriz. Cor granada intensa com nuance carmim. Atourigado, com violeta e caruma, framboesa entre aromas de especiaria doce e tosta. Tanino cheio e jovem, com grande futuro. Vinho gastronómico.

MONTANHA DE PORTUGAL **DÃO**

Agenda	Branco
2-5 €	Sociedade Agrícola Boas Quintas

12,5%　　　　　　　2019 | DOC Dão

Encruzado, Cerceal-Branco e Malvasia-Fina. Cor citrina clara. Mentas, fruta tropical e branca, expressivo. Matéria presente e bem desenhada, com frescura e sucrosidade. Boa compra.

Cabeça d'Velho	Branco
2-5 €	Sotavinhos (Seacampo Casa Américo)

12,5%　　　　　　　2019 | DOC Dão

Bical, Cerceal-Branco e Encruzado. Cor citrina clara. Fruta cítrica e branca, leve rebuçado. Limpo. Nota frisante que refresca e prolonga a prova. Vinho médio de boa mesa.

Cabriz, Colheita Selecionada	Branco
2-5 €	Global Wines

12,5%　　　　　　　2019 | DOC Dão

Encruzado, Bical, Malvasia-Fina e Cerceal-Branco. Cor citrina clara. Fruta branca em rebuçado, leve menta. Desenho correto, simples, com acabamento médio e sucroso.

Cabriz, Encruzado, Reserva, *Branco*

Ver destaque
na página 141

Casa Américo	Branco
5-10 €	Seacampo Casa Américo

13%　　　　　　　2019 | DOC Dão

Bical, Cerceal-Branco e Encruzado. Cor citrina clara. Fruta cítrica e branca, leve rebuçado. Limpo. Nota frisante que refresca e prolonga a prova. Vinho salivante e sem desmaios. Gastronómico.

DÃO MONTANHA DE PORTUGAL

Flor de Penalva, Colheita Selecionada		Branco
5-10 €	Encostas de Alqueva (Adega Coop. de Penalva do Castelo)	
12,5%		2018	DOC Dão

85 PTS

Malvasia-Fina, Borrado das Moscas e Cerceal-Branco. Cor citrina clara. Rebuçado de fruta branca, nota de pólen, mel e alguns herbais refrescantes. Leve, alongado, com boa tensão.

Fonte do Ouro		Branco
2-5 €	Sociedade Agrícola Boas Quintas	
13%		2019	DOC Dão

89 PTS

Encruzado e Arinto. Cor palha média. Mentas, fruta branca, expressivo e levemente fumado. Matéria presente e bem desenhada, com frescura e sucrosidade. Boa compra.

Fonte do Ouro, Encruzado, Reserva Especial, *Branco*

Ver destaque na página 142

Meia Encosta		Branco
2-5 €	Sociedade dos Vinhos Borges	
13%		2019	DOC Dão

88 PTS

Malvasia-Fina, Encruzado, Bical e Fernão-Pires. Cor palha clara. Fruta tropical, mentas, algum rebuçado. Sucrosidade e frescura em bom equilíbrio num vinho de corpo médio.

Monte Estrela		Branco
2-5 €	Seacampo Casa Américo	
12,5%		2019	DOC Dão

89 PTS

Bical, Cerceal-Branco e Encruzado. Cor citrina clara. Fruta cítrica e branca, leve rebuçado. Limpo. Acidez que refresca e prolonga a prova. Vinho tenso de boa mesa.

MONTANHA DE PORTUGAL **DÃO**

Opta		Branco
2-5 €	Sociedade Agrícola Boas Quintas	
12,5%		2019 | DOC Dão

Encruzado, Malvasia-Fina e Cerceal-Branco. Cor citrina clara. Mentas, fruta tropical e branca, expressivo. Matéria presente e bem desenhada, com frescura e sucrosidade. Boa compra.

Opta, Encruzado, *Branco*

Ver destaque
na página 143

Pedra Cancela, Reserva, *Branco*

Ver destaque
na página 144

Pedra Cancela, Seleção do Enólogo		Branco
5-10 €	Lusovini Pedra Cancela Vinhos do Dão	
12%		2019 | DOC Dão

Encruzado, Cerceal-Branco e Malvasia-Fina. Cor palha clara. Rebuçado de fruta branca, leve nuance de flor e menta. Denso e fresco, alongado, sem desmaios. Rico à mesa.

Quinta do Vale, Premium, *Branco*

Ver destaque
na página 145

153

DÃO MONTANHA DE PORTUGAL

Sonante	Branco
2-5 €	Seacampo Casa Américo
12,5%	2018	DOC Dão

89 PTS

Bical, Cerceal-Branco e Encruzado. Cor citrina clara. Fruta cítrica e branca, leve rebuçado. Limpo. Acidez que refresca e prolonga a prova. Vinho tenso de boa mesa.

Casa Américo, *Rosé*

Ver destaque na página 146

Pedra Cancela, Touriga Nacional	Rosé
2-5 €	Lusovini Pedra Cancela Vinhos do Dão
12%	2019	DOC Dão

86 PTS

Touriga-Nacional. Água média de topázio. Fruto vermelho, rebuçado, suave menta. Sucroso e alongado. Final agridoce.

Adega de Penalva, Reserva, *Tinto*

Ver destaque na página 147

Agenda	Tinto
2-5 €	Sociedade Agrícola Boas Quintas
13%	2018	DOC Dão

87 PTS

Touriga-Nacional, Alfrocheiro e Tinta-Roriz. Cor granada média. Leves tostados de especiaria e cacau, com bagos silvestres e nuance floral. Limpo e simples. Sucrosidade a domar o tanino ainda jovem e rugoso. Bom na mesa.

MONTANHA DE PORTUGAL **DÃO**

C de Cabriz	Tinto
2-5 € Global Wines	

12,5% 2017 | DOC Dão

Touriga-Nacional, Aragonez e Alfrocheiro. Cor granada média com nuance carmim. Leve couro antes da fruta simples, com notas de seiva. Sucrosidade a cobrir tanino rugoso em corpo apenas médio. Melhor à mesa.

Cabeça d'Velho	Tinto
2-5 € Sotavinhos (Seacampo Casa Américo)	

13% 2018 | DOC Dão

Jaen, Tinta-Roriz e Touriga-Nacional. Cor granada média com nuance carmim. Fruto vermelho, cereja presente, leve rebuçado, simples e limpo. Longo, tanino jovem, com bom futuro e boa mesa.

Cabriz, Colheita Selecionada	Tinto
2-5 € Global Wines	

13% 2017 | DOC Dão

Alfrocheiro, Aragonez e Touriga-Nacional. Cor granada média. Cereja achocolatada com notas florais. Sucrosidade que mitiga o tanino bravio num vinho de corpo médio e boa mesa.

Cabriz, Reserva, *Tinto*

Ver destaque na página 148

Casa Américo	Tinto
5-10 € Seacampo Casa Américo	

13% 2017 | DOC Dão

Tinta-Roriz, Touriga-Nacional e Jaen. Cor granada intensa com nuance carmim. Leves tostados de especiaria e cacau, com bagos silvestres e nuance floral. Mastigável e alongado, taninos jovens, generosos e por domar, apesar de alguma sucrosidade. Gastronómico.

DÃO MONTANHA DE PORTUGAL

Catedral, Reserva		Tinto
5-10 €	Enoport Wines	
13%		2017	DOC Dão

Tinta-Roriz, Alfrocheiro e Touriga-Nacional. Cor granada aberta a média. Cereja alicorada com herbais e especiaria. Notas florais de violeta. Sucrosidade que cobre bem a juventude dos taninos. Vinho bem desenhado, de boa mesa.

Flor de Penalva, Colheita Selecionada		Tinto
5-10 €	Encostas de Alqueva (Adega Coop. de Penalva do Castelo)	
13%		2017	DOC Dão

Touriga-Nacional, Jaen, Alfrocheiro e Tinta-Roriz. Cor granada média com nuance carmim. Tostados de especiaria negra e doce, cereja alicorada. Longo, sucroso, tanino bravio, vida pela frente. De boa mesa.

Flor de Penalva, Reserva		Tinto
5-10 €	Encostas de Alqueva (Adega Coop. de Penalva do Castelo)	
13%		2017	DOC Dão

Touriga-Nacional, Jaen, Alfrocheiro e Tinta-Roriz. Cor granada intensa com nuance carmim. Tostados de especiaria negra e doce, bago negro, nota de caruma. Longo, sucroso, tanino bravio, vida pela frente. De boa mesa.

Fonte do Ouro		Tinto
2-5 €	Sociedade Agrícola Boas Quintas	
13%		2018	DOC Dão

Touriga-Nacional, Alfrocheiro e Jaen. Cor granada intensa com nuance carmim. Fruto vermelho, leve nota de violeta e caruma, cacau presente. Sucrosidade que arredonda taninos jovens com rugosidade. Revelação à mesa.

Fonte do Ouro, Reserva, *Tinto*

Ver destaque na página 149

MONTANHA DE PORTUGAL **DÃO**

Meia Encosta	Tinto
2-5 €	Sociedade dos Vinhos Borges

13% 2018 | DOC Dão

Touriga-Nacional, Jaen, Alfrocheiro e Tinta-Roriz. Cor granada aberta a média. Cereja e algum fruto vermelho num vinho de aroma limpo e simples. Boca alongada, com corpo suave e fresco.

Milénio	Tinto
2-5 €	Adega Cooperativa de Penalva do Castelo

13% 2016 | DOC Dão

Touriga-Nacional e Aragonez. Cor granada média. Ameixa e cereja em licor, notas vegetais de seiva. Elegante, alongado com final rugoso de boa mesa.

Monte Estrela	Tinto
2-5 €	Seacampo Casa Américo

13% 2018 | DOC Dão

Tinta-Roriz, Alfrocheiro e Jaen. Cor granada média com nuance carmim. Fruto vermelho, cereja presente, leve rebuçado, simples e limpo. Longo, tanino jovem, com bom futuro e boa mesa.

O Penalva	Tinto
5-10 €	Adega Cooperativa de Penalva do Castelo

12,5% n.d. | Regional Terras do Dão

Tinta-Pinheira, Jaen, Alfrocheiro e Aragonez. Cor granada média com nuance carmim. Notas de pão antes da fruta compotada, simples e limpa. Corpo suave, sem desmaios.

Opta	Tinto
2-5 €	Sociedade Agrícola Boas Quintas

13% 2018 | DOC Dão

Touriga-Nacional, Alfrocheiro e Tinta-Roriz. Cor granada média. Leves tostados de especiaria e cacau, com bagos silvestres e nuance floral. Limpo e simples. Sucrosidade a domar o tanino ainda jovem e rugoso. Bom na mesa.

DÃO MONTANHA DE PORTUGAL

Opta, Reserva		Tinto
5-10 €	Sociedade Agrícola Boas Quintas	
13%		2017	DOC Dão

90 PTS — Touriga-Nacional, Alfrocheiro e Tinta-Roriz. Cor granada intensa com nuance carmim. Leves tostados de especiaria e cacau, com bagos silvestres e nuance floral. Mastigável e alongado, taninos jovens, generosos e por domar, apesar de alguma sucrosidade. Gastronómico.

Opta, Touriga Nacional		Tinto
5-10 €	Sociedade Agrícola Boas Quintas	
13%		2016	DOC Dão

90 PTS — Touriga-Nacional. Cor granada intensa com nuance carmim. Fruto vermelho, caruma e violeta tímida. Cacau presente. Taninos jovens, desenho fresco e alongado, sem desmaios. Gastronómico.

Pedra Cancela, Reserva, *Tinto*

Ver destaque na página 150

Pedra Cancela, Seleção do Enólogo		Tinto
5-10 €	Pedra Cancela Vinhos do Dão	
13%		2016	DOC Dão

89 PTS — Touriga-Nacional, Alfrocheiro e Tinta-Roriz. Cor granada média. Cereja, fruto vermelho, especiarias negras de leves tostados. Elegante, fresco, longo e sem desmaios. De boa mesa.

Quinta do Vale, Premium		Tinto
5-10 €	Sotavinhos (Seacampo Casa Américo)	
13%		2016	DOC Dão

88 PTS — Tinta-Roriz, Alfrocheiro e Touriga-Nacional. Cor granada média com nuance carmim. Licores de cereja com especiaria, leve rebuçado de fruta, simples e limpo. Longo, tanino jovem, com bom futuro e boa mesa.

MONTANHA DE PORTUGAL **DÃO**

Sonante	Tinto
2-5 € Seacampo Casa Américo	

13% 2018 | DOC Dão

Tinta-Roriz, Jaen e Touriga-Nacional. Cor granada média com nuance carmim. Fruto vermelho, cereja presente, leve rebuçado, simples e limpo. Longo, tanino jovem, com bom futuro e boa mesa.

Terras de Viriato	Tinto
2-5 € Caves Campelo	

13% n.d. | DOC Dão

Tinta-Roriz, Jaen, Touriga-Nacional e Alfrocheiro. Cor granada intensa com nuance carmim. Atourigado, com violeta e caruma, framboesa entre aromas de seiva. Tanino bravio em corpo médio. De boa mesa.

Vinha Maria	Tinto
5-10 € Global Wines	

12,5% 2017 | DOC Dão

Tinta-Roriz, Alfrocheiro e Touriga-Nacional. Cor granada média com nuance carmim. Cereja achocolatada com notas florais. Sucrosidade que mitiga o tanino bravio num vinho de corpo médio e boa mesa.

Vinha Maria, Premium	Tinto
5-10 € Global Wines	

13% 2017 | DOC Dão

Tinta-Roriz, Alfrocheiro e Touriga-Nacional. Cor granada intensa com nuance carmim. Violeta antes de frutos com cacau, tostados e especiaria doce. Mastigável e alongado, taninos jovens e por domar, apesar de alguma sucrosidade. Grato em mesas tradicionais de carne.

Nesta região, os produtores que incluíram três ou mais vinhos entre as melhores provas são:

- Adega Cooperativa de Penalva do Castelo
- Encostas de Alqueva (Adega Coop. de Penalva do Castelo)
- Global Wines
- Lusovini Pedra Cancela Vinhos do Dão
- Seacampo Casa Américo
- Sociedade Agrícola Boas Quintas
- Sotavinhos (Seacampo Casa Américo)

BEIRA INTERIOR

Vinhos da Beira Interior, a frescura da montanha

A região vitivinícola da Beira Interior é a mais alta de Portugal, com as suas vinhas plantadas a cotas entre os 300 e os 700 metros de altitude. Esta característica só por si é diferenciadora das demais regiões em Portugal. As vinhas da região ocupam uma área superior a 16 000 hectares, onde pontificam os encepamentos tradicionais da região: Síria, Arinto e Fonte Cal, nas brancas, e Rufete, Tinta-Roriz, Touriga-Nacional, Touriga-Franca, Trincadeira e Jaen, nas tintas, que coexistem com novos encepamentos de castas nacionais e internacionais que mostraram adaptar-se perfeitamente a esta região de altitude.

O *terroir* da Beira Interior difere das outras regiões, devido às castas supracitadas, à altitude dos seus vinhedos, aos solos predominantemente graníticos (85%) e xistosos (15%), com alguns afloramentos de quartzo, e ao clima da região, que se caracteriza por invernos muito frios e rigorosos com temperaturas negativas e verões muito quentes e secos.

Estas características potenciam tipos de agricultura mais sustentável e mais amiga do ambiente, como a agricultura biológica e a agricultura em modo de produção integrada.

Esta região tem mais de 500 hectares de vinhas em agricultura biológica, e mais de 4000 hectares em modo de produção integrada.

Os vinhos da Beira Interior são ainda os mais ricos num poderoso antioxidante – o resveratrol, a chamada «pílula da juventude», que ajuda a prevenir a diabetes, as doenças cardiovasculares e alguns tipos de cancro. Este conjunto de características confere aos vinhos da Beira Interior particularidades ímpares que os tornam cada vez mais apetecidos e apreciados nas melhores mesas. Os brancos são muito exuberantes e frescos, enquanto os tintos têm uma forte intensidade aromática e boa acidez. Ambos têm uma considerável capacidade de envelhecimento.

A Beira Interior tem um vastíssimo património arquitetónico, de que são exemplo as aldeias históricas e os castelos, e uma grande riqueza gastronómica, desde os emblemáticos queijos da DOP Serra da Estrela, DOP da Beira Baixa e DOP de Castelo Branco, passando pelos enchidos, azeites, frutos secos, etc.

Uma região em crescimento

As vendas de Vinho DOC Beira Interior e IG Terras da Beira aumentaram 3% no último ano. Este aumento tem vindo a acontecer de uma forma sustentada, a par do aumento das exportações, que nos últimos anos têm vindo a crescer mais de 10% ao ano, tendo como principais destinos a Alemanha, a Suíça, o Reino Unido e outros países da Europa e, nos países terceiros, Angola, Brasil, EUA e China.

Situada entre os Parques Naturais da Serra da Estrela, do Douro Internacional, da Reserva da Serra da Malcata e do Parque do Tejo Internacional, é por estas razões uma região de excelência para os amantes dos desportos da natureza.

Estas são apenas algumas razões para conhecer e provar a Beira Interior, atreva-se a descobrir outras.

Eng.º Rodolfo Queirós
Presidente da Comissão Vitivinícola Regional da Beira Interior

EM DESTAQUE ★ TOP 100 ★ EM DESTAQUE ★ TOP 100 ★ EM DESTAQUE

Convento d'Aguiar, Reserva
Adega Cooperativa de Figueira de Castelo Rodrigo
Branco

| 5-10 € | 2018 | DO Beira Interior | 13% |

Síria, Arinto e Malvasia-Fina. Cor citrina clara. Pão doce, especiarias entre leves tostados, citrinos e tropicalidade. Ervas de infusão. Mastigável e conversador, longo, lavante, de boa mesa.

EM DESTAQUE ★ TOP 100 ★ EM DESTAQUE ★ TOP 100 ★ EM DESTAQU

Pinhel, Síria, Grande Escolha
Adega Cooperativa de Pinhel
Branco

| 2-5 € | 2019 | DO Beira Interior | 14% |

Síria. Cor citrina clara. Pão doce, ervas de infusão, limonados e fruto tropical. Expressivo. Cremoso, glacial, lavante, gastronómico e persistente. Compra acertada.

EM DESTAQUE ★ TOP 100 ★ EM DESTAQUE ★ TOP 100 ★ EM DESTAQUE

Quinta dos Termos, Vinhas Velhas, Reserva
Quinta dos Termos
Tinto

| 5-10 € | 2017 | DO Beira Interior | 13,5% |

Trincadeira-Preta, Jaen, Rufete e Marufo. Cor granada média. Evolução rica de tabaco e tostados peitorais, notas de fruta de caroço e confitura cítrica. Caruma presente. Elegante, fresco, conversador, de mesa rica.

BEIRA INTERIOR MONTANHA DE PORTUGAL

Alpedrinha, Reserva		Branco
2-5 €	Adega Cooperativa do Fundão	
12,5%		2019	DO Beira Interior

88 PTS — Síria, Fonte Cal e Arinto. Cor citrina clara. Pão doce, especiarias entre leves tostados, citrinos e tropicalidade. Ervas de infusão. Longo, lavante, de boa mesa.

Castelo Rodrigo		Branco
2-5 €	Adega Cooperativa de Figueira de Castelo Rodrigo	
13%		2018	DO Beira Interior

89 PTS — Síria. Cor citrina clara. Ervas de infusão, citrinos, seiva, fruto tropical. Expressivo. Glacial, sucrosidade a amainar estrutura lavante e mordente. Ideal para a mesa.

Convento d'Aguiar, Reserva, *Branco*

Ver destaque na página 164

91 PTS

Cova da Beira		Branco
2-5 €	Adega Cooperativa do Fundão	
12,5%		2019	DO Beira Interior

86 PTS — Síria, Fonte Cal e Arinto. Cor citrina clara. Fruto tropical, ervas de infusão, padaria doce. Expressivo. Cremoso, adocicado, longo e lavante. Consensual.

Encostas do Côa		Branco
2-5 €	Adega Cooperativa de Pinhel	
13%		2019	IG Terras da Beira

88 PTS — Síria e Fonte-Cal. Cor citrina clara. Pomar maduro, leve tropicalidade entre mentas e outras ervas aromáticas. Leve nota de pão. Cremoso, fresco, longo e salivante. De boa mesa.

Pinhel, Grande Escolha, *Branco*

Ver destaque
na página 163

Quinta dos Termos	Branco
2-5 € Quinta dos Termos	

13% 2019 | DO Beira Interior

Síria, Fonte Cal e Arinto. Cor citrina clara. Pomar maduro, leve nota de padaria e erva de infusão. Doçura em equilíbrio com o desenho fresco. Atempado.

Quinta dos Termos	Rosé
2-5 € Quinta dos Termos	

13% 2019 | DO Beira Interior

Syrah e Baga. Água clara de topázio. Confitura de fruto vermelho, suave nota de padaria doce. Harmonia entre a frescura e as notas de sucrosidade. Poder lavante de boa mesa.

Castelo Rodrigo	Tinto
2-5 € Adega Cooperativa de Figueira de Castelo Rodrigo	

13% 2018 | DO Beira Interior

Touriga-Nacional. Cor granada média com nuance carmim. Fruto vermelho maduro, achocolatado, leve nota peitoral. Carnudo, tanino por polir, com poder lavante que a mesa agradece.

Conde de Castelo Rodrigo, Reserva	Tinto
5-10 € Adega Cooperativa de Figueira de Castelo Rodrigo	

13,5% 2017 | DO Beira Interior

Touriga-Nacional e Tinta-Roriz. Cor granada intensa. Fruto vermelho maduro, achocolatado, leve nota de elixir herbal. Carnudo, tanino por polir, com poder lavante que a mesa agradece.

BEIRA INTERIOR MONTANHA DE PORTUGAL

Convento d'Aguiar, Reserva		Tinto
5-10 €	Adega Cooperativa de Figueira de Castelo Rodrigo	
13,5%		2017	DO Beira Interior

Touriga-Nacional e Tinta-Roriz. Cor granada intensa. Fruto vermelho maduro, achocolatado, leve nota de elixir herbal. Carnudo, tanino por polir, com poder lavante que a mesa agradece.

Cova da Beira		Tinto
2-5 €	Adega Cooperativa do Fundão	
13,5%		2018	DO Beira Interior

Tinta-Roriz, Touriga-Nacional, Rufete e Tinta-Amarela. Cor granada média. Alicorado de fruto vermelho e de caroço, canela entre a evolução positiva. Elegante, fresco, longo e lavante. De boa mesa.

Encostas do Côa		Tinto
2-5 €	Adega Cooperativa de Pinhel	
13%		2017	IG Terras da Beira

Rufete, Touriga-Franca e Tinta-Roriz. Cor granada média com nuance carmim. Confitura de fruto vermelho, suave nota de padaria doce. Vinoso. Harmonia entre a frescura e as notas de sucrosidade. Poder lavante de boa mesa.

Encostas do Côa, Reserva		Tinto
2-5 €	Adega Cooperativa de Pinhel	
14%		2017	DO Beira Interior

Tinta-Roriz, Touriga-Franca e Touriga-Nacional. Cor granada média com nuance carmim. Vinoso, fruto compotado, notas fumadas de terra ou tosta. Especiaria presente. Doçura a amainar tanino por polir, de boa revelação à mesa.

Quinta da Biaia		Tinto
5-10 €	Domínios do Interior	
14%		2017	DO Beira Interior Biológico

Touriga-Nacional, Touriga-Franca e Tinta-Roriz. Cor granada intensa com nuance violácea. Crú, vinoso, bago fresco, notas peitorais de matos e caruma. Violeta. Sucrosidade natural que amaina a juventude do tanino por polir, de mesa muito rica.

MONTANHA DE PORTUGAL **BEIRA INTERIOR**

Quinta dos Termos, Reserva	Tinto
5-10 € Quinta dos Termos	

13,5%   2017 | DO Beira Interior

Trincadeira-Preta, Jaen, Rufete e Marufo. Cor granada média. Evolução rica de tabaco e tostados peitorais, notas de fruta de caroço e confitura cítrica. Caruma presente. Mastigabilidade de taninos austeros e gastronómicos, fresco, persistente, tradicional.

Quinta dos Termos, Vinhas Velhas, Reserva, *Tinto*

Ver destaque
na página 165

Vales da Beira	Tinto
2-5 € IVIN (Adega Cooperativa do Fundão)	

13%   2018 | IG Terras da Beira

Trincadeira, Touriga-Nacional e Tinta-Roriz. Cor granada aberta a média. Alicorado de fruto vermelho e de caroço, seiva, caruma peitoral, leve tostado. Elegante, fresco, longo e lavante. De boa mesa.

Nesta região, os produtores que incluíram três ou mais vinhos entre as melhores provas são:

- Adega Cooperativa de Figueira de Castelo Rodrigo
- Adega Cooperativa de Pinhel
- Adega Cooperativa do Fundão
- Quinta dos Termos

VINHOS TRANQUILOS

SUL DE PORTUGAL

TEJO

PENÍNSULA DE SETÚBAL

ALENTEJO

ALGARVE

TEJO

Passados alguns anos da alteração da Indicação Geográfica para «Tejo» e da Denominação de Origem para «DoTejo», podemos afirmar que a região ganhou uma nova dinâmica na produção e na qualidade dos seus vinhos, quanto na sua projeção e reconhecimento nacional e internacional.

Estas novas designações, aliadas a uma mudança de atitude da região, estão a contribuir decisivamente para o crescimento e reconhecimento dos vinhos do Tejo junto dos consumidores.

Os principais responsáveis por esta mudança são sem dúvida os produtores, que nitidamente orientaram a sua produção para a qualidade. Houve na região uma grande reestruturação das vinhas (na última década, reestruturou-se 20% da área total), que foram instaladas em solos mais vocacionados para a obtenção de uma qualidade superior das uvas, com castas que, embora menos produtivas, induzem uma melhor qualidade no produto final. Estamos a falar, por exemplo, nos tintos da Touriga-Nacional, do Syrah e do Alicante Bouschet e, no caso dos brancos, do Arinto, do Verdelho e do Alvarinho, entre outras. Também relativamente às adegas, houve uma enorme modernização que permitiu melhorar significativamente a qualidade dos vinhos, mas sobretudo houve uma nova geração de jovens enólogos que se radicou na região e que com um espírito aberto e inovador criou produtos mais apetecíveis para os consumidores e mais orientados para os mercados.

Localizada no coração de Portugal, a Região Vitivinícola do Tejo remonta a tempos imemoriais, sendo por direito próprio uma das mais antigas regiões vitivinícolas do nosso país. A região é caracterizada por possuir três *terroirs* distintos que influenciam de forma determinante os vinhos neles produzidos, permitindo desta forma a existência de um leque muito diversificado de produtos. No Tejo, além dos vinhos tranquilos, encontramos vinhos leves, vinhos frisantes, vinhos espumantes, colheitas tardias e vinhos licorosos.

O «campo» ou «lezíria», geograficamente localizado nas planícies das margens direita e esquerda do Tejo, é constituído por solos bastante férteis, do tipo aluviossolos modernos, predominantemente calcários. De produções unitárias relativamente elevadas, é uma zona vocacionada preferencialmente para a produção de vinhos brancos, frescos e frutados, bem como tintos mais suaves.

O «bairro», geograficamente localizado a norte e a ocidente da região, em terrenos ondulados por colinas dispersas, caracteriza-se a norte por solos xistosos e no restante território por solos calcários, pardos e vermelhos, solos litólicos não húmicos e arenitos grosseiros. De produções unitárias mais moderadas, produz vinhos mais encorpados e com características de guarda.

A «charneca», geograficamente localizada na parte oriental da região, em terrenos de reduzido declive ou mesmo planos, caracteriza-se por solos litólicos não húmicos de arenitos grosseiros e podzóis de material arenoso. De produções unitárias relativamente baixas, produz vinhos brancos e tintos de teor alcoólico mais elevado, aveludados e suaves.

A qualidade dos vinhos do Tejo tem sido amplamente reconhecida nos últimos anos, pois temos sido uma das regiões com vinhos mais premiados nos mais prestigiantes concursos internacionais e também nacionais.

Assistimos também nos últimos anos a um notável crescimento da comercialização dos vinhos do Tejo, externa e internamente. De 2008 até agora, passámos de pouco mais de 10 milhões de garrafas para quase 16 milhões, o que representa um aumento de quase 50%.

Relativamente à exportação, que hoje representa mais de 30% das vendas da região, o crescimento tem sido exponencial, pois se em 2008 não chegávamos aos 2,5 milhões de garrafas exportadas, no último ano já ultrapassámos os 5 milhões. Destaco aqui alguns mercados extracomunitários, como o Brasil, Estados Unidos e a China, onde os crescimentos têm sido notáveis. No mercado interno, embora com uma quota de mercado relativamente baixa em comparação com outras regiões, o Tejo tem sido das regiões que mais têm crescido, quer em volume quer em valor, atingindo atualmente valores impensáveis há uns anos.

Eng.º João Silvestre
Diretor-Geral da Comissão Vitivinícola Regional do Tejo

EM DESTAQUE ★ TOP 100 ★ EM DESTAQUE ★ TOP 100 ★ EM DESTAQU

Conde Vimioso, Reserva
Falua
Branco

10-15 € | 2018 | Regional Tejo | 12,5%

Arinto. Cor citrina média. Especiarias doces e lácteos de tostados ricos, citrino e pomar branco e amarelo. Mentas refrescantes. Guloso na cremosidade, texturas de bom desenho fresco. Prova qualitativa.

M DESTAQUE ★ TOP 100 ★ EM DESTAQUE ★ TOP 100 ★ EM DESTAQUE

Quinta da Atela, Valwine
Quinta da Atela
Branco

| 5-10 € | 2018 | Regional Tejo | 13% |

Gewürztraminer, Chardonnay e Fernão-Pires. Cor citrina média. Rosa e líchia, rebuçado de fruta, infusão herbal. Doçura envolvendo texturas refrescantes, de longa revelação aveludada. Vinho gastronómico e muito bem desenhado.

EM DESTAQUE ★ TOP 100 ★ EM DESTAQUE ★ TOP 100 ★ EM DESTAQUE

Cabeça de Toiro, Reserva
Enoport Wines
Tinto

| 5-10 € | 2018 | DOC doTejo | 13,5% |

Touriga-Nacional, Castelão e Syrah. Cor granada intensa com nuance carmim. Atourigado, com violeta e caruma, framboesa em compota entre aromas de especiaria e tosta peitoral. Tanino em boa evolução, ainda com rugosidade que a mesa agradece.

EM DESTAQUE ★ TOP 100 ★ EM DESTAQUE ★ TOP 100 ★ EM DESTAQUE

Conde Vimioso, Reserva
Falua
Tinto

| 10-15 € | 2017 | Regional Tejo | 14,5% |

Lote com Touriga-Nacional. Cor granada retinta com nuance carmim. Tostados ricos, frutas com cacau e licores, matos aromáticos, baunilha e couro. Taninos rugosos, vinho generoso, muito alongado e gastronómico. Superior.

Quinta da Alorna, Touriga-Nacional & Cabernet Sauvignon, Reserva

Quinta da Alorna

Tinto

| 5-10 € | 2016 \| DOC doTejo | 13,5% |

Touriga-Nacional e Cabernet-Sauvignon. Cor granada média com nuance carmim. Pimento grelhado, groselha negra de Cabernet, notas de caruma e framboesa típicas de Touriga. Especiaria doce e lácteos presentes. Sucrosidade grata a amainar a juventude dos taninos bem selecionados. Gastronómico.

EM DESTAQUE ★ TOP 100 ★ EM DESTAQUE ★ TOP 100 ★ EM DESTAQUE

Quinta do Côro, Syrah & Touriga-Nacional
Sociedade Agrícola da Mascata
Tinto

| 2-5 € | 2017 | Regional Tejo | 13,5% |

Syrah & Touriga-Nacional. Cor granada intensa com nuance carmim. Especiaria de tosta e casta, fruto vermelho e bagos vivos, notas de menta e caruma. Sucroso e arqueado, taninos seletos com grata e longa evolução. Excelente compra.

TEJO SUL DE PORTUGAL

Bridão, Clássico	Branco
2-5 € Adega Cooperativa do Cartaxo	
13%	2019	DOC doTejo

85 PTS

Fernão-Pires e Arinto. Cor citrina clara. Rosa e líchia, maracujá, infusão herbal. Doçura envolvendo texturas refrescadas e frisantes, para mesa de petiscos.

Cabeça de Toiro	Branco
5-10 € Enoport Wines	
13%	2019	DOC doTejo

86 PTS

Fernão-Pires, Sauvignon Blanc e Chardonnay. Cor citrina clara. Botão floral, pólen, fruto tropical, casca cítrica. Frescura atrevida, corpo alongado, salivante, melhor à mesa.

Canto da Vinha	Branco
2-5 € SIVAC	
13%	2019	Regional Tejo

84 PTS

Fernão-Pires e Arinto. Cor palha clara, leve *pink*. Frutado fragrante e tecnológico. Tímido e breve na boca. Pronto a consumir.

Colete Velho	Branco
5-10 € Sociedade Agrícola D. Diniz	
12,5%	2018	Regional Tejo

87 PTS

Fernão-Pires e Arinto. Cor palha média. Rebuçado de fruta branca, nota de pólen, mel e alguns herbais refrescantes. Sucrosidade a dominar e a arredondar um corpo médio e bem refrescado.

Conde Vimioso, Colheita Selecionada	Branco
2-5 € Falua	
12,5%	2019	Regional Tejo

88 PTS

Arinto e Fernão-Pires. Cor citrina clara. Fruta branca, melão, botão floral. Sucrosidade em corpo redondo e glicerinado, de texturas sem desmaio. Muito consensual.

Conde Vimioso, Reserva, *Branco*

Ver destaque
na página 174

Conde Vimioso, Sommelier Edition	Branco
5-10 €	Falua

12,5% 2019 | Regional Tejo

Arinto, Fernão-Pires e Verdelho. Cor citrina clara. Fruta branca em rebuçado, leve menta. Desenho correto, simples, com acabamento médio e sucroso.

Falua, Duas Castas, Verdelho & Arinto	Branco
2-5 €	Falua

12% 2019 | Regional Tejo

Verdelho e Arinto. Cor citrina clara. Leve nota terrosa antes da fruta branca e cítrica. Notas tropicais presentes. Ativo e longo na boca, poder lavante atrevido que a mesa agradece.

Quinta da Alorna	Branco
2-5 €	Quinta da Alorna

13% 2018 | Regional Tejo

Fernão-Pires, Arinto e Sauvignon Blanc. Cor citrina clara. Leve nota terrosa antes da fruta branca e cítrica. Notas tropicais presentes. Ativo e longo na boca, poder lavante atrevido que a mesa agradece.

Quinta da Alorna, Alvarinho & Viognier, Reserva	Branco
5-10 €	Quinta da Alorna

12,5% 2018 | DOC doTejo

Alvarinho e Viognier. Cor citrina média. Especiarias doces e lácteos de tostados ricos, citrino e pomar branco e amarelo. Mentas refrescantes. Guloso na cremosidade, texturas de bom desenho médio e fresco.

TEJO   SUL DE PORTUGAL

Quinta da Alorna, Arinto & Chardonnay, Reserva		Branco
5-10 €	Quinta da Alorna	
13%		2018	DOC doTejo

89 PTS

Arinto e Chardonnay. Cor citrina clara. Tostados de especiaria negra e doce, casca cítrica, pomar branco e amarelo. Expressivo. Cremoso, desenho refrescado e longo, de boa presença à mesa.

Quinta da Alorna, Verdelho		Branco
5-10 €	Quinta da Alorna	
12,5%		2018	DOC doTejo

90 PTS

Verdelho. Cor citrina clara. Típico da casta, com rebuçado fruta tropical, leves mentas refrescantes e notas florais. Frescura conversadora, texturas sucrosas gratas. Gastronómico.

Quinta da Atela		Branco
2-5 €	Quinta da Atela	
13%		2018	Regional Tejo

89 PTS

Gewürztraminer, Fernão-Pires e Chardonnay. Cor citrina média. Rosa e líchia, rebuçado de fruta, infusão herbal. Doçura envolvendo texturas refrescadas, de longa revelação. Vinho gastronómico.

Quinta da Atela, Valwine, *Branco*

Ver destaque
na página 175

92 PTS

Vila Jardim, Colheita Selecionada		Branco
5-10 €	Vale do Armo	
13%		2019	Regional Tejo

87 PTS

Arinto e Viosinho. Cor citrina média. Boa mineralidade com timidez de fruta branca e tropical, leve nota de seiva e menta. Lavante e espesso, longo, salivante, de boa mesa. Pronto a consumir.

SUL DE PORTUGAL **TEJO**

Bridão, Clássico	Rosé
2-5 € Adega Cooperativa do Cartaxo	

12,5%   2019 | DOC doTejo

Touriga-Nacional e Syrah. Água clara de granada. Botão floral, framboesa entre a fruta vermelha, tecnologia bem domada. Sucosidade grata num desenho refrescado e com final sem desmaios. Auto-suficiente.

Cabeça de Toiro, Reserva	Rosé
5-10 € Enoport Wines	

13,5%   2019 | DOC doTejo

Touriga-Nacional, Castelão e Syrah. Água clara de granada. Framboesa entre frutos vermelhos maduros, pastelaria e pão, leve seiva e menta refrescantes. Boa densidade, poder lavante, nota doce muito bem desenhada. Gastronómico.

Conde Vimioso, Colheita Selecionada	Rosé
2-5 € Falua	

13%   2019 | Regional Tejo

Touriga-Nacional e Syrah. Água clara de granada. Leve nota floral, framboesa entre a fruta vermelha, tecnologia bem domada. Sucosidade grata num desenho refrescado e com final levemente melado. Auto-suficiente.

Falua, Duas Castas, Touriga-Nacional & Shiraz	Rosé
2-5 € Falua	

13%   2019 | Regional Tejo

Touriga-Nacional e Shiraz. Água clara de granada. Leve nota floral, framboesa entre a fruta vermelha, tecnologia bem domada. Sucosidade grata num desenho refrescado e com final levemente melado. Auto-suficiente.

Vila Jardim	Rosé
2-5 € Vale do Armo	

12,5%   2019 | Regional Tejo

Touriga-Nacional e Aragonez. Água média de granada. Fruto vermelho, seiva entre as notas vegetais. Agridoce na revelação de um corpo médio e alongado, com refresco atrevido.

TEJO SUL DE PORTUGAL

Bridão, Clássico	Tinto
2-5 € Adega Cooperativa do Cartaxo	
14%	2017	DOC doTejo

85 PTS — Lote com Touriga-Nacional. Cor granada intensa com nuance carmim. Notas tostadas tecno com frutado simples. Notas peitorais. Tanino austero jovem, com cobertura sucrosa bem desenhada.

Bridão, Private Collection	Tinto
5-10 € Adega Cooperativa do Cartaxo	
14,5%	2017	DOC doTejo

88 PTS — Touriga-Nacional e Alicante Bouschet. Cor granada intensa com nuance carmim. Tostados de fumo e resina, fruta alicorada secundária, com cacau. Caruma presente. Sucrosidade a cobrir a generosa estrutura de taninos de longa presença. Gastronómico.

Cabeça de Toiro, Reserva, *Tinto*

Ver destaque
na página 176

Cabeça de Toiro, Touriga-Nacional	Tinto
10-15 € Enoport Wines	
13%	2016	DOC doTejo

90 PTS — Touriga-Nacional. Cor granada intensa com nuance carmim. Especiaria doce e negra, bagos e fruto vermelho, leve nota de cacau e caruma. Longo, salivante, fresco, rugosidade natural que a mesa agradece.

Canto da Vinha	Tinto
2-5 € SIVAC	
14%	2018	DOC doTejo

84 PTS — Syrah e Aragonez. Cor granada média com nuance carmim. Frutado simples com leve nota de fósforo e fumo. Tanino austero jovem, com cobertura sucrosa.

SUL DE PORTUGAL **TEJO**

Casaleiro, Reserva	Tinto
5-10 € Enoport Wines	

13% 2015 | Regional Tejo

Touriga-Nacional, Castelão e Syrah. Cor granada média. Atourigado, com violeta e caruma, framboesa em compota entre aromas de especiaria doce e tosta. Tanino em boa evolução, ainda com rugosidade que a mesa agradece.

Catapereiro	Tinto
2-5 € Companhia das Lezírias	

13,5% 2019 | Regional Tejo

Castelão, Alicante Bouschet e Aragonez. Cor granada intensa com nuance carmim. Frutado fresco, tostados de cacau, conjunto simples, mas bem desenhado. Tanino generoso, por polir, em corpo médio e alongado. Bom de mesa.

Cavalo Bravo, Premium	Tinto
5-10 € Parras Wines	

13,5% 2018 | Regional Tejo

Touriga-Nacional, Alicante Bouschet e Aragonez. Cor granada média. Tostados tecno de fumo e moca a dominar a fruta. Doçura de bom desenho a cobrir a juventude rugosa dos taninos. Melhor à mesa.

Cavalo Negro, Vinhas Velhas	Tinto
5-10 € Parras Wines	

13,5% 2018 | Regional Tejo

Touriga-Nacional, Alicante Bouschet e Aragonez. Cor granada média. Tostados tecno de fumo e moca a dominar a fruta. Doçura de bom desenho a cobrir a juventude rugosa dos taninos. Melhor à mesa.

Colete Velho	Tinto
5-10 € Sociedade Agrícola D. Diniz	

13,5% 2019 | Regional Tejo

Touriga-Nacional, Aragonez & Syrah. Cor granada média. Especiaria doce presente, fruto vermelho alicorado. Tostados aparecem na boca sucrosa, desenhada para cobrir taninos ainda viçosos. Autossuficiente e bem alongado.

TEJO SUL DE PORTUGAL

Conde Vimioso, Colheita Selecionada		Tinto
2-5 €	Falua	
13,5%		2018	Regional Tejo

87 PTS

Lote com Touriga-Nacional. Cor granada média com nuance carmim. Frutado maduro e simples, com rebuçado. Leve nota de cacau. Boca longa, com tanino jovem e rugoso, grata sucrosidade, bom de mesa.

Conde Vimioso, Reserva, *Tinto*

Ver destaque na página 177

93 PTS

Conde Vimioso, Sommelier Edition		Tinto
5-10 €	Falua	
14%		2018	Regional Tejo

87 PTS

Lote com Aragonez. Cor granada média com nuance carmim. Madeiras de especiaria doce, com baunilha e lactonas, fruta vermelha compotada, expressivo e internacional. Boca com tanino rugoso, alongamento sem desmaios.

Paciência, Shiraz, Reserva		Tinto
5-10 €	Casa Paciencia	
14,5%		2018	Regional Tejo

90 PTS

Shiraz. Cor granada média. Especiaria doce e negra, bagos e fruto vermelho, leve nota de cacau. Longo, salivante, fresco, rugosidade natural que a mesa agradece.

Quinta da Alorna		Tinto
2-5 €	Quinta da Alorna	
13,5%		2017	Regional Tejo

86 PTS

Lote com Syrah. Cor granada intensa com nuance carmim. Frutado fresco, tostados de cacau, conjunto simples, mas bem desenhado. Sucrosidade a cobrir tanino bravio em corpo médio e alongado. Bom de mesa.

SUL DE PORTUGAL **TEJO**

Quinta da Alorna, Touriga-Nacional & Cabernet Sauvignon, Reserva, *Tinto*

Ver destaque
na página 178

Quinta da Alorna, Touriga-Nacional	Tinto
5-10 €	
13%	2017 | DOC doTejo

Touriga-Nacional. Cor granada intensa com nuance carmim. Bago negro e vermelho, tostados de fumo e espeeciaria. Caruma entre notas peitorais. Grata sucrosidade a cobrir taninos muito jovens, de longa educação futura. Gastronómico.

Quinta da Atela, Reserva	Tinto
5-10 € Quinta da Atela	
14,5%	2017 | Regional Tejo

Lote com Touriga-Nacional. Cor granada média. Especiaria doce e negra, bagos e fruto vermelho, leve nota de cacau. Longo, salivante, fresco, rugosidade natural que a mesa agradece. Grata compensação sucrosa.

Quinta do Côro, Syrah & Touriga-Nacional, *Tinto*

Ver destaque
na página 179

Quinta S. João Batista, Touriga-Nacional & Cabernet Sauvignon, Reserva	Tinto
10-15 € Enoport Wines	
14%	2016 | DOC doTejo

Touriga-Nacional e Cabernet Sauvignon. Cor granada intensa. Pimento grelhado, groselha negra e fruta vermelha, especiarias, tostados e leve couro. Seleto, muito alongado e lavante, tanino com leve rugosidade que a mesa agradece.

TEJO SUL DE PORTUGAL

Serradayres, Colheita Selecionada	Tinto
2-5 €	Enoport Wines

13% 2018 | Regional Tejo

Castelão, Trincadeira e Touriga-Nacional. Cor granada média com nuance carmim. Rebuçado de fruto vermelho, leve nota fumada. Doçura a cobrir taninos jovens e a arredondar o corpo médio.

85 PTS

Terras de Cartaxo, Clássico	Tinto
2-5 €	Adega Cooperativa do Cartaxo

14% 2017 | DOC doTejo

Castelão, Trincadeira e Tinta-Roriz. Cor granada intensa com nuance carmim. Notas tostados tecno com frutado simples. Notas peitorais. Tanino austero jovem, com cobertura sucrosa bem desenhada.

85 PTS

Terras de Cartaxo, Reserva	Tinto
5-10 €	Adega Cooperativa do Cartaxo

14,5% 2017 | DOC doTejo

Lote com Touriga-Nacional. Cor granada intensa com nuance carmim. Tostados de fumo e resina, fruta alicorada secundária, com cacau. Caruma presente. Sucrosidade a cobrir a generosa estrutura de taninos de longa presença. Gastronómico.

88 PTS

Touro Negro	Tinto
2-5 €	Parras Wines

13,5% 2018 | Regional Tejo

Touriga-Nacional, Alicante Bouschet e Aragonez. Cor granada média. Tostados tecno de fumo e moca a dominar a fruta. Doçura de bom desenho a cobrir a juventude rugosa dos taninos. Melhor à mesa.

86 PTS

Vimioso, Premium	Tinto
5-10 €	Falua

13,5% 2017 | Regional Tejo

Lote com Aragonez. Cor granada intensa com nuance carmim. Frutado maduro com tostados de cacau e especiaria. Tanino generoso e lavante, equilibrado por boa sucrosidade. Desenho consensual e aclamado.

90 PTS

SUL DE PORTUGAL **TEJO**

Xairel	Tinto
2-5 €	Adega Cooperativa do Cartaxo

13,5%   2019 | Regional Tejo

Lote com Castelão. Cor granada intensa com nuance carmim. Achocolatado, fruto vermelho maduro, especiaria presente. Doçura a cobrir tanino jovem, conjunto muito guloso e autossuficiente.

Nesta região, os produtores que incluíram três ou mais vinhos entre as melhores provas são:

- Adega Cooperativa do Cartaxo
- Enoport Wines
- Falua
- Parras Wines
- Quinta da Alorna

PENÍNSULA DE SETÚBAL

Criados numa região singular, os vinhos da península de Setúbal são tão generosos e equilibrados como a região que os vê nascer, uma região onde a Mãe Natureza foi pródiga e caprichosa: duas penínsulas «desenhadas» pelos dois maiores estuários portugueses, riquíssimos em biodiversidade, um parque natural e várias zonas de paisagem protegida, a influência atlântica que se conjuga na perfeição com a mediterrânica, o «berço» da mais plantada casta tinta portuguesa no sul do país, uma formação geológica única para o cultivo da vinha e um vinho licoroso emblemático que continua a ser apreciado e reconhecido nos quatro cantos do mundo!

A Região Vinícola da Península de Setúbal estende-se por todo o distrito de Setúbal, tendo o seu extremo norte no Montijo (Canha) e o seu oposto em Santiago do Cacém (Cercal), a poente a delimitação da região é feita pelo oceano Atlântico, pela cordilheira da Arrábida e pelos estuários dos rios Tejo e Sado, e a nascente a delimitação é de carácter essencialmente geológico: os solos arenosos do designado «plioceno de Pegões». Este «mosaico» é responsável pelas características únicas dos vinhos da península de Setúbal, frescos, elegantes e equilibrados, uma combinação absolutamente singular entre os vinhos de características vincadamente atlânticas e os de caráter acentuadamente mediterrânico.

A cultura da vinha na região de Setúbal remonta a tempos imemoriais. As condições particularmente favoráveis de solo e clima, associadas a uma predominância de castas que atingiram notoriedade, permitiram que a região vitivinícola tivesse sido uma das primeiras a serem demarcadas, em 1907 (Moscatel de Setúbal, regulamentada em 1908). Hoje, a delimitação e a certificação dos vinhos abrangem todo o distrito de Setúbal (Indicação Geográfica «Península de Setúbal» – Vinho Regional), mas nelas coexistem duas áreas diferenciadas: a península de Troia (Grândola, Alcácer do Sal, Santiago do Cacém e Sines) a sul e a península de Setúbal a norte do rio Sado, onde se concentra a maioria da produção.

É nos concelhos de Palmela, Montijo e Setúbal e na freguesia do Castelo, no concelho de Sesimbra, que se obtêm as uvas para os vinhos com Denominação de Origem (DO) Palmela e DO Setúbal (Moscatel de Setúbal e Moscatel

Roxo de Setúbal). Os vinhos tintos com DO Palmela têm sempre mais de dois terços de uvas da casta Castelão no lote e a mesma regra se aplica aos vinhos com DO Setúbal relativamente às castas Moscatel de Setúbal e Moscatel Roxo, embora a prática generalizada, neste caso, seja a de estes extraordinários vinhos licorosos serem elaborados em exclusivo com cada uma dessas castas.

Nos últimos vinte anos, a «paisagem» vitícola foi-se alterando e, nas castas tintas, à Castelão, que continua a predominar, juntaram-se centenas de hectares de Touriga-Nacional, de Aragonez, de Trincadeira, de Syrah, e de Alicante Bouschet; nas castas brancas, à Fernão-Pires e à Moscatel de Setúbal, que também continuam a predominar, a diversificação teve como protagonistas a Arinto, a Verdelho e a Antão-Vaz. O corolário do importante investimento na reestruturação dos vinhedos da região traduz-se hoje numa enorme versatilidade dos perfis de vinho que podemos oferecer, o que se tem traduzido num sistemático crescimento no mercado nacional e na exportação.

A expressão deste crescimento materializou-se em 2013 num número que é sinónimo de maturidade duma região vinícola: 70% dos vinhos produzidos na península de Setúbal foram comercializados como Vinhos Regionais da Península de Setúbal, Vinhos de Palmela, Moscatel de Setúbal e Moscatel Roxo de Setúbal, vinhos cuja garantia de qualidade e de origem é por nós certificada.

Mas a forma mais «rica» de conhecer os nossos vinhos é vir saboreá-los connosco, na companhia duma gastronomia onde o peixe, o queijo de Azeitão e a doçaria conventual são as estrelas, mas onde o marisco, as carnes e os enchidos também têm lugar de destaque. Consulte a Rota de Vinhos da Península de Setúbal e conheça algumas das 7 Maravilhas de Portugal, das praias da península de Troia à Arrábida, do cabo Espichel à Caparica, dos vários castelos aos estuários do Sado e do Tejo, a toda a vasta rede de sítios da Rede Natura 2000 e de monumentos classificados, há tanto para (re)conhecer nas penínsulas de Setúbal e de Troia!

Eng.º Henrique Soares
Presidente da Direção da Comissão Vitivinícola Regional da Península de Setúbal

EM DESTAQUE ★ TOP 100 ★ EM DESTAQUE ★ TOP 100 ★ EM DESTAQUE

Adega de Pegões, Colheita Selecionada
Cooperativa Agrícola Santo Isidro de Pegões
Branco

| 2-5 € | 2019 | Regional Península de Setúbal | 13% |

Lote com Arinto. Cor citrina média. Flores, pólen, frutas amarelas, melão. Leve especiaria doce e fumados. Longo, com estrutura média e pouco retocada. Gastronómico.

Dona Ermelinda, Reserva
Casa Ermelinda Freitas Vinhos
Branco

| 5-10 € | 2018 | DOC Palmela | 13,5% |

Lote com Arinto. Cor dourada clara. Flores, pólen, fruta madura, lembrança de geleia de marmelo, especiarias doces e mentas. Cremoso, arqueado, texturas salivantes com cobertura sucrosa. Qualitativo.

EM DESTAQUE ★ TOP 100 ★ EM DESTAQUE ★ TOP 100 ★ EM DESTAQUE

Herdade de Gâmbia
Sociedade Agrícola Boas Quintas
Branco

| 2-5 € | 2019 | Regional Península de Setúbal | 12,5% |

Lote com Moscatel-Graúdo. Cor palha clara. Aromas de Moscatel, com fruto tropical e casca cítrica, leve rebuçado, rosa no retronasal. Textura lavante e gastronómica, longo, sem desmaios. Final agri-doce.

M DESTAQUE ★ TOP 100 ★ EM DESTAQUE ★ TOP 100 ★ EM DESTAQUE

Quinta de Camarate, Seco
José Maria da Fonseca Vinhos
Branco

| 5-10 € | 2019 | Regional Península de Setúbal | 12,5% |

Lote com Alvarinho. Cor citrina média. Espargo entre notas tropicais, leve especiaria doce. Amplo, lavante, com final agridoce. Internacional.

EM DESTAQUE ★ TOP 100 ★ EM DESTAQUE ★ TOP 100 ★ EM DESTAQU

Sobreiro de Pegões, Premium
Cooperativa Agrícola Santo Isidro de Pegões
Branco

| 5-10 € | 2018 \| Regional Península de Setúbal | 13% |

Lote com Verdelho. Cor palha média. Casca cítrica, leve tropicalidade, suave nota de menta e espargo. Boca longa e salivante, com frescura de bom desenho e mesa rica.

EM DESTAQUE ★ TOP 100 ★ EM DESTAQUE ★ TOP 100 ★ EM DESTAQUE

Vinha da Valentina, Premium
Casa Ermelinda Freitas Vinhos
Branco

| 10-15 € | 2018 | Regional Península de Setúbal | 13,5% |

Lote com Verdelho. Cor citrina média. Flores, pólen, especiarias doces com tostados discretos, fruta cítrica e amarela. Complexo e promissor. Denso, tenso e alongado, salivante com boa naturalidade. Desenho superior.

EM DESTAQUE ★ TOP 100 ★ EM DESTAQUE ★ TOP 100 ★ EM DESTAQU

Vinha da Valentina, Premium
Casa Ermelinda Freitas Vinhos
Rosé

| 10-15 € | 2018 | Regional Península de Setúbal | 12,5% |

Lote com Castelão. Cor cobre média. Fruto vermelho e branco, mentas entre nota vegetal. Especiaria presente. Longo, salivante, com boa estrutura e vocação gastronómica.

EM DESTAQUE ★ TOP 100 ★ EM DESTAQUE ★ TOP 100 ★ EM DESTAQUE

Adega de Pegões, Colheita Selecionada
Cooperativa Agrícola Santo Isidro de Pegões
Tinto

| 5-10 € | 2016 | Regional Península de Setúbal | 14% |

Lote com Touriga-Nacional. Cor granada intensa. Madeiras de especiaria doce, com baunilha e lactonas, fruta vermelha compotada, expressivo e internacional. Doçura a cobrir boca com tanino rugoso, alongamento sem desmaios. Bem evoluído.

EM DESTAQUE ★ TOP 100 ★ EM DESTAQUE ★ TOP 100 ★ EM DESTAQU

Dona Ermelinda, Reserva
Casa Ermelinda Freitas Vinhos
Tinto

| 5-10 € | 2017 | DOC Palmela | 14,5% |

Lote com Castelão. Cor granada intensa com nuance carmim. Madeiras de especiaria doce, com baunilha e lactonas, fruta vermelha compotada, expressivo e internacional. Doçura a cobrir boca com tanino rugoso, alongamento sem desmaios. Bem evoluído.

M DESTAQUE ★ TOP 100 ★ EM DESTAQUE ★ TOP 100 ★ EM DESTAQUE

Rovisco Pais, Premium
Cooperativa Agrícola Santo Isidro de Pegões
Tinto

5-10 € 2018 | Regional Península de Setúbal 14,5%

Lote com Touriga-Nacional. Cor granada intensa com nuance carmim. Tostados de especiaria negra e doce, frutos vermelhos e ameixa alicorada. Violeta e caruma presentes. Nariz bem evoluído. Longo, sucroso, tanino domado, mas com vida pela frente. Gastronómico.

Adega de Pegões, Colheita Selecionada, *Branco*

Ver destaque
na página 192

Alto Pina, Reserva	Branco
2-5 €	Cooperativa Agrícola Santo Isidro de Pegões
13% 2018	Regional Península de Setúbal

Lote com Fernão-Pires. Cor citrina média. Flores e mentas discretas, casca de citrino, leve nota tropical. Doçura de bom desenho arqueado, cobrindo acidez retocada. Prolongamento sem desmaios.

Dona Ermelinda	Branco
2-5 €	Casa Ermelinda Freitas Vinhos
13,5% 2018	DOC Palmela

Lote com Chardonnay. Cor citrina média. Flores, pólen, frutas cítrica e amarelas. Expressivo. Corpo médio, alongado, com final agridoce. Consensual.

Dona Ermelinda, Reserva, *Branco*

Ver destaque
na página 193

Fontanário de Pegões	Branco
2-5 €	Cooperativa Agrícola Santo Isidro de Pegões
12,5% 2019	DOC Palmela

Lote com Fernão-Pires. Cor palha média. Fruta branca, notas cítricas com leve rebuçado de especiaria. Firme, adocicado e lavante, de boa mesa.

Herdade de Gâmbia, *Branco*

Ver destaque
na página 194

João Pires	Branco
2-5 €	José Maria da Fonseca Vinhos

12%   2019 | Regional Península de Setúbal

Moscatel-Graúdo. Cor palha média. Aromas de Moscatel, com fruto tropical e casca cítrica, leve rebuçado. Simples. Leve, doce e médio, fácil.

Palmelão	Branco
2-5 €	Adega Cooperativa de Palmela

13%   2019 | DOC Palmela

Lote com Verdelho. Cor citrina média. Frutado maduro e simples, com rebuçado. Boca mais longa do que larga. Pronto a consumir.

Papo Amarelo, Reserva	Branco
2-5 €	Cooperativa Agrícola Santo Isidro de Pegões

13%   2018 | Regional Península de Setúbal

Lote com Antão-Vaz. Cor citrina média. Flores e mentas discretas, casca de citrino, leve nota tropical. Doçura de bom desenho arqueado, cobrindo acidez retocada. Prolongamento sem desmaios.

Quinta de Camarate, Seco, *Branco*

Ver destaque
na página 195

PENÍNSULA DE SETÚBAL SUL DE PORTUGAL

Rovisco Pais, Reserva	Branco
5-10 € Cooperativa Agrícola Santo Isidro de Pegões	
13% 2018	Regional Península de Setúbal	

89 PTS

Lote com Antão-Vaz. Cor citrina média. Fruta branca, leve nota tropical, alguns tostados com especiaria. Boca sucrosa, com volume, frescura desenhada com acabamento médio.

Sobreiro de Pegões	Branco
2-5 € Cooperativa Agrícola Santo Isidro de Pegões	
12,5% 2019	Regional Península de Setúbal	

87 PTS

Lote com Moscatel-Graúdo. Cor palha clara. Leve nota de rosa e fruta tropical, rebuçado. Boca média e sucrosa. Final com frescura.

Sobreiro de Pegões, Premium, *Branco*

Ver destaque na página 196

92 PTS

Vale dos Barris, Moscatel	Branco
2-5 € Adega Cooperativa de Palmela	
12,5% 2019	Regional Península de Setúbal	

89 PTS

Moscatel-Graúdo. Cor citrina clara. Aromas de Moscatel, com rosa intensa e líchia. Expressão aromática em boca simples e alongada. Comercial e festivo.

Vinha da Valentina	Branco
10-15 € Casa Ermelinda Freitas Vinhos	
12,5% 2018	Regional Península de Setúbal	

90 PTS

Fernão-Pires & Arinto. Cor citrina clara. Fruta branca, notas cítricas com leve tostado e rebuçado de especiaria. Firme, tenso e lavante, com grato prolongamento. Gastronómico.

SUL DE PORTUGAL   PENÍNSULA DE SETÚBAL

Vinha da Valentina, Premium, *Branco*

Ver destaque
na página 197

Vinha do Torrão	Branco
5-10 €	Casa Ermelinda Freitas Vinhos

13,5%   2018 | Regional Península de Setúbal

Lote com Fernão-Pires. Cor citrina clara. Flores, pólen, frutas cítricas e amarelas. Expressivo. Corpo médio, alongado, com final agridoce. Consensual.

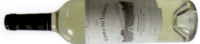

Herdade de Gâmbia	Rosé
2-5 €	Sociedade Agrícola Boas Quintas

13%   2019 | Regional Península de Setúbal

Touriga-Nacional e Syrah. Cor pêssego clara. Fruto vermelho, pólen, flores, limpo, mas tímido. Sucroso, de dimensão média mas persistente e salivante.

Vinha da Valentina, Premium, *Rosé*

Ver destaque
na página 198

Adega de Pegões, Colheita Selecionada, *Tinto*

Ver destaque
na página 199

PENÍNSULA DE SETÚBAL SUL DE PORTUGAL

Adega de Pegões, Syrah		Tinto
2-5 €	Cooperativa Agrícola Santo Isidro de Pegões	
15%	2017	Regional Península de Setúbal	

90 PTS

Syrah. Cor granada retinta com nuance carmim. Madeiras de especiaria doce, com baunilha e lactonas, fruta vermelha compotada, expressivo e internacional. Doçura a cobrir boca com tanino rugoso, alongamento sem desmaios. Bem evoluído.

Adega de Pegões, Touriga-Nacional		Tinto
2-5 €	Cooperativa Agrícola Santo Isidro de Pegões	
14,5%	2017	Regional Península de Setúbal	

90 PTS

Touriga-Nacional. Cor granada retinta. Violeta com frutos vermelhos, lácteos entre tostados de especiaria doce. Expressivo e limpo. Sucrosidade a cobrir taninos jovens de longa vida. Final sem desmaios, de mesa ampla.

Alto Pina, Reserva		Tinto
2-5 €	Cooperativa Agrícola Santo Isidro de Pegões	
14%	2019	Regional Península de Setúbal	

89 PTS

Lote com Castelão. Cor granada média com nuance carmim. Violeta com frutos vermelhos, leve nota de tostados doces. Expressivo e limpo. Doçura a cobrir taninos jovens, engrossando boca de dimensão média. Final fumado.

Casa Ermelinda Freitas, Carménère, Reserva		Tinto
5-10 €	Casa Ermelinda Freitas Vinhos	
14%	2017	Regional Península de Setúbal	

90 PTS

Carménère. Cor granada retinta. Pimento grelhado entre vegetais, doçura de tostados com especiaria. Ameixa preta a dominar a fruta. Fresco, alongado, taninos de longa vida e mesa rica.

Dona Ermelinda		Tinto
2-5 €	Casa Ermelinda Freitas Vinhos	
14%	2018	DOC Palmela	

88 PTS

Lote com Castelão. Cor granada intensa com nuance carmim. Ameixa e frutos vermelhos, aroma simples e limpo. Boca com mastigação, taninos firmes com muita vida, final agridoce.

SUL DE PORTUGAL   **PENÍNSULA DE SETÚBAL**

Dona Ermelinda, Reserva, *Tinto*

Ver destaque
na página 200

Fontanário de Pegões		Tinto
2-5 €	Cooperativa Agrícola Santo Isidro de Pegões	
13,5%	2018	DOC Palmela	

Lote com Castelão. Cor granada aberta. Fruta de boa evolução, com licores de erva e especiaria, tostados que dominam a boca, de média dimensão e bom prolongamento.

Herdade de Gâmbia		Tinto
2-5 €	Sociedade Agrícola Boas Quintas	
13,5%	2019	Regional Península de Setúbal	

Lote com Touriga-Nacional. Cor granada intensa com nuance carmim. Leve nota vegetal antes da fruta vermelha e ameixa, especiaria ligeira de cacau. Doçura a cobrir taninos jovens e promissores, prova longa e sem desmaios, com vocação gastronómica.

Papo Amarelo, Reserva		Tinto
2-5 €	Cooperativa Agrícola Santo Isidro de Pegões	
14%	2019	Regional Península de Setúbal	

Lote com Castelão. Cor granada média com nuance carmim. Violeta com frutos vermelhos, leve nota de tostados doces. Expressivo e limpo. Doçura a cobrir taninos jovens, engrossando boca de dimensão média. Final fumado.

Periquita		Tinto
2-5 €	José Maria da Fonseca Vinhos	
13%	2018	Regional Península de Setúbal	

Lote com Castelão. Cor granada média com nuance carmim. Tímido nos aromas de fruta madura, nota de cravinho e couro. Doçura a cobrir tanino jovem e aguçado, estrutura média de um vinho de boa mesa.

PENÍNSULA DE SETÚBAL SUL DE PORTUGAL

Rovisco Pais, Reserva		Tinto
5-10 €	Cooperativa Agrícola Santo Isidro de Pegões	
14%	2019	Regional Península de Setúbal

Lote com Castelão. Cor granada média com nuance carmim. Violeta com frutos vermelhos, leve nota de tostados doces. Expressivo e limpo. Doçura a cobrir taninos jovens, engrossando boca de dimensão média. Final fumado.

Rovisco Pais, Premium, *Tinto*

Ver destaque na página 201

Sobreiro de Pegões		Tinto
2-5 €	Cooperativa Agrícola Santo Isidro de Pegões	
13,5%	2019	Regional Península de Setúbal

Lote com Castelão. Cor granada média com nuance carmim. Ameixa e frutos vermelhos, aroma simples e limpo. Boca com mastigação, taninos firmes com muita vida, final agridoce.

Sobreiro de Pegões, Premium		Tinto
5-10 €	Cooperativa Agrícola Santo Isidro de Pegões	
14%	2019	Regional Península de Setúbal

Lote com Castelão. Cor granada média com nuance carmim. Violeta com frutos vermelhos, leve nota de tostados doces. Expressivo e limpo. Doçura a cobrir taninos jovens, engrossando boca de dimensão média. Final fumado.

Terras do Pó, Castas		Tinto
5-10 €	Casa Ermelinda Freitas Vinhos	
14%	2017	Regional Península de Setúbal

Syrah e Petit Verdot. Cor granada intensa com nuance carmim. Madeiras de especiaria doce, com baunilha e lactonas, fruta vermelha compotada, expressivo e internacional. Boca com tanino rugoso, alongamento sem desmaios.

SUL DE PORTUGAL **PENÍNSULA DE SETÚBAL**

Vinha da Valentina	Tinto
5-10 € Casa Ermelinda Freitas Vinhos	

13,5%   2019 | Regional Península de Setúbal

Lote com Castelão. Cor granada intensa com nuance carmim. Fruta vermelha viva, leves tostados de especiaria e cacau, guloso no aroma. Bom desenho sem arestas, taninos jovens, mas bem domados, estrutura média de um vinho cativante.

Vinha do Torrão, Reserva	Tinto
5-10 € Casa Ermelinda Freitas Vinhos	

14,5%   2017 | Regional Península de Setúbal

Lote com Cabernet Sauvignon. Cor granada intensa. Tostados de especiaria negra, frutos vermelhos e ameixa alicorada. Nariz bem evoluído. Longo, sucroso, tanino domado, mas com vida pela frente. Gastronómico.

Vinha do Torrão	Tinto
5-10 € Casa Ermelinda Freitas Vinhos	

14%   2018 | Regional Península de Setúbal

Lote com Castelão. Cor granada média. Leve nota vegetal antes da fruta vermelha e da ameixa e ginja. Limpo e expressivo. Elegante, doçura a cobrir taninos por polir.

Vinhas de Camarate	Tinto
10-15 € José Maria da Fonseca Vinhos	

13,5%   2018 | Regional Península de Setúbal

Castelão e Trincadeira. Cor granada média com nuance carmim. Tímido nos aromas de fruta madura, nota de cravinho e couro. Tostados presentes. Doçura a cobrir tanino jovem e aguçado, estrutura média de um vinho de boa mesa.

Vinhas de Pegões, Syrah	Tinto
2-5 € Cooperativa Agrícola Santo Isidro de Pegões	

14%   2019 | Regional Península de Setúbal

Syrah. Cor granada intensa com nuance violácea. Caixa de fósforo, cravinho e cacau, framboesa e mais frutos. Carnudo, sucroso, tanino com boa vida. Gastronómico.

209

PENÍNSULA DE SETÚBAL SUL DE PORTUGAL

Nesta região, os produtores que incluíram três ou mais vinhos entre as melhores provas são:

- Casa Ermelinda Freitas Vinhos
- Cooperativa Agrícola Santo Isidro de Pegões
- José Maria da Fonseca Vinhos
- Sociedade Agrícola Boas Quintas

ALENTEJO

Quando o Alentejo é mencionado por portugueses há, de imediato, um conjunto de atributos que nos passam pela memória: calor, planície, calma, comida, vinho, relaxante, qualidade.

O Alentejo é tudo isto, mas também uma região vitivinícola de excelência e de características únicas.

Onde encontramos algo parecido com a planície alentejana, onde as vinhas vivem de forma integrada com outras culturas como a oliveira e o sobreiro? E que dizer de uma região que conjuga esta característica com os relevos de montanha da serra de São Mamede, em Portalegre, onde se produzem vinhos a partir de vinhas plantadas a 700 metros de altitude? Ou do clima marcado pela serra do Mendro, separação natural entre o Alto e Baixo Alentejo, que imprime personalidade aos vinhos da Vidigueira? E do vinho de Talha, que é produzido de acordo com práticas ancestrais deixadas pelos Romanos?

A região do Alentejo é, sem dúvida, fortemente marcada pelo seu clima, mas também é por isso que aqui produzimos vinhos que são ÚNICOS POR NATUREZA!

As paisagens ímpares, as gentes características, o saber fazer alentejano e o empreendedorismo têm cunhado o percurso dos Vinhos do Alentejo, fazendo com que seja hoje a região preferida dos portugueses na hora de escolher o vinho que acompanha as suas refeições, o convívio com os amigos, uma especial degustação de vinhos de qualidade ou um copo de vinho relaxante!

Mas também cruzamos o mundo, comercializando os Vinhos do Alentejo em 80 países e dando a conhecer esta impressionante região de Portugal, que foi recomendada nos EUA como uma das 10 regiões do mundo para visitar (escolha dos leitores do *USA Today*, 2014), destino vitivinícola e enogastronómico a não perder (*The New York Times*, 2015) e, recentemente, como destino de férias vínicas (*site* Vivino, EUA, 2016).

Estes marcos no percurso dos Vinhos do Alentejo são resultado de uma aposta contínua na qualidade, garantida através de 12 etapas no controlo da origem Alentejo, desde a vinha (22 mil hectares) até à garrafa. Pelo cuidado em preservar a biodiversidade e os recursos da região, aplicando as melhores práticas na vinha, na adega ou no uso da água, através da implementação do Plano de Sustentabilidade dos Vinhos do Alentejo. Pela história, que gostamos de partilhar, através do contacto com os produtores alentejanos ou pela visita à Rota dos Vinhos do Alentejo, localizada em Évora.

Venha conhecer-nos e apreciar os Vinhos do Alentejo!

Dr. Francisco Mateus
Presidente da Comissão Vitivinícola Regional Alentejana

EM DESTAQUE ★ TOP 100 ★ EM DESTAQUE ★ TOP 100 ★ EM DESTAQUE

Adega de Borba, Premium
Adega Cooperativa de Borba
Branco

| 5-10 € | 2018 | DOC Alentejo | 12,5% |

Arinto, Antão-Vaz, Verdelho e Alvarinho. Cor palha média. Leve pastelaria com limonados e melão, flores e pólen. Mentas e mentol. Excelente densidade das texturas, longo poder lavante, muito gastronómico. Superior.

EM DESTAQUE ★ TOP 100 ★ EM DESTAQUE ★ TOP 100 ★ EM DESTAQUE

Adega de Borba, Reserva
Adega Cooperativa de Borba
Branco

| 5-10 € | 2017 | DOC Alentejo | 13% |

Arinto, Alvarinho e Verdelho. Cor dourada clara. Especiaria doce e iogurte de alguma tosta. Limonados, alperce e notas mentoladas peitorais. Longo, denso, salivante. Gastronómico e de boa guarda.

Castelo de Borba, Reserva
Adega Cooperativa de Borba
Branco

| 5-10 € | 2018 | DOC Alentejo | 13% |

Antão-Vaz, Arinto, Roupeiro e Viogner. Cor citrina média. Leve pastelaria com limonados e melão, flores e pólen. Mentas e mentol. Excelente densidade das texturas, longo poder lavante, muito gastronómico. Superior.

EM DESTAQUE ★ TOP 100 ★ EM DESTAQUE ★ TOP 100 ★ EM DESTAQU

Foral d'Évora, Colheita
Fundação Eugénio de Almeida
Branco

10-15 €   2018 | DOC Alentejo   **12,5%**

Assario. Cor citrina média. Pomar de fruta branca e amarela maduras, mentas frescas com equilíbrio de tostados suaves e especiados. Boca sucrosa e elegante, grata acidez prolongada e lavante. Para mesas exigentes.

EM DESTAQUE ★ TOP 100 ★ EM DESTAQUE ★ TOP 100 ★ EM DESTAQUE

Herdade de São Miguel, Colheita Seleccionada
Casa Relvas
Branco

| 2-5 € | 2019 | Regional Alentejano | 12,5% |

Lote com Antão-Vaz. Cor citrina média. Especiaria e tostas doces, mentas, fruto de caroço e limonados. Sucrosidade que amplia as texturas médias, lavantes. Gastronómico. Boa compra.

EM DESTAQUE ★ TOP 100 ★ EM DESTAQUE ★ TOP 100 ★ EM DESTAQUE

Herdade do Rocim
Rocim
Branco

| 5-10 € | 2019 | Regional Alentejano | 12,5% |

Antão-Vaz, Arinto e Viosinho. Cor citrina clara. Fruta branca e limonada, nota mineral de vinha velha. Texturas lavantes e conversadoras, excelente frescura lavante, rei da mesa. Superior.

EM DESTAQUE ★ TOP 100 ★ EM DESTAQUE ★ TOP 100 ★ EM DESTAQUE

Honrado, Vinho de Talha
Honrado Vineyards
Branco

| 10-15 € | 2018 | DOC Alentejo | 13% |

Antão-Vaz, Arinto, Perrum e Fernão-Pires. Cor dourada velha. Argila e seiva com melados e compotas de fruta branca e amarela. Esteva presente. Boca tânica de tinto, coberta por grata sucrosidade e acidez. Talha típico e gastronómico.

EM DESTAQUE ★ TOP 100 ★ EM DESTAQUE ★ TOP 100 ★ EM DESTAQUE

Marquês de Borba, Vinhas Velhas
J. Portugal Ramos
Branco

| 10-15 € | 2018 | DOC Alentejo | 12,5% |

Arinto, Roupeiro, Antão-Vaz e Alvarinho. Cor palha média. Especiaria doce e notas lácteas em equilíbrio com as frutas de caroço e as brancas de pomar. Mentas frescas em aroma guloso. Frescura grata num vinho longo e salivante, Superior e gastronómico.

EM DESTAQUE ★ TOP 100 ★ EM DESTAQUE ★ TOP 100 ★ EM DESTAQUE

Monte da Capela, Verdelho
Casa Clara
Branco

| 5-10 € | 2019 | Regional Alentejano | 13% |

Verdelho. Cor citrina clara. Botão floral, maracujá, limonados, lembra um bom Verdejo de Rueda. Fresco, longo, texturas densas e conversadoras. Gastronómico e de boa guarda.

EM DESTAQUE ★ TOP 100 ★ EM DESTAQUE ★ TOP 100 ★ EM DESTAQU

Quinta da Fonte Souto
Symington Family Estates
Branco

| 10-15 € | 2018 \| DOC Alentejo | 14% |

Arinto e Verdelho. Cor citrina média. Mentas e esteva antes de tostados de especiaria. Pomar de fruta variada, desde limão a alperce. Corpo de grata elegância e sucrosidade, longo e salivante. Superior e gastronómico.

M DESTAQUE ★ TOP 100 ★ EM DESTAQUE ★ TOP 100 ★ EM DESTAQUE

Régia Colheita, Reserva
CARMIM
Branco

| 10-15 € | 2018 | Regional Alentejano | 12,5% |

Alvarinho e Viogner. Cor citrina média. Botão floral, pétala, melão e fruta de caroço, tostados de especiaria muito bem integrados. Esteva e mentas presentes. Doçura e acidez em equilíbrio num vinho de corpo médio.

EM DESTAQUE ★ TOP 100 ★ EM DESTAQUE ★ TOP 100 ★ EM DESTAQUE

Vidigueira, Antão-Vaz
Adega Cooperativa de Vidigueira, Cuba e Alvito
Branco

| 2-5 € | 2019 | DOC Alentejo | 13,5% |

Antão-Vaz. Cor citrina média. Citrinos confitados, especiaria presente, fruto de caroço, mentas. Carnudo, arqueado, frescura de bom desenho, Gastronómico, compra acertada.

EM DESTAQUE ★ TOP 100 ★ EM DESTAQUE ★ TOP 100 ★ EM DESTAQUE

Comenda Grande
Comenda Grande

| 5-10 € | 2019 \| Regional Alentejano | 11% |

Touriga-Nacional. Água clara de rosa. Botão floral, framboesa e outros bagos. Leve pastelaria. Muito expressivo. Texturas firmes e sucrosas, bom desenho refrescante. Gastronómico.

EM DESTAQUE ★ TOP 100 ★ EM DESTAQUE ★ TOP 100 ★ EM DESTAQU

Herdade de São Miguel, Colheita Seleccionada
Casa Relvas
Rosé

| 2-5 € | 2019 | Regional Alentejano | 12% |

Lote com Touriga-Nacional. Água média de cobre. Fruto vermelho e ameixa, nota fresca de seiva. Volumoso, longo e salivante, com ambições de boa mesa. Compra acertada.

EM DESTAQUE ★ TOP 100 ★ EM DESTAQUE ★ TOP 100 ★ EM DESTAQUE

Adega de Borba, Reserva
Adega Cooperativa de Borba
Tinto

| 5-10 € | 2018 | DOC Alentejo | 13,5% |

Trincadeira, Alicante Bouschet, Aragonez e Castelão. Cor granada intensa com nuance carmim. Fumados entre mentol e eucalipto de boa tosta, violeta, café com fruto vermelho e especiaria, esteva presente. Tanino vivo com polimento perfeito e sucroso, grato alongamento lavante e gastronómico.

EM DESTAQUE ★ TOP 100 ★ EM DESTAQUE ★ TOP 100 ★ EM DESTAQU

Bojador, Reserva
Rocim
Tinto

| 5-10 € | 2018 | Regional Alentejano | 14% |

Alicante Bouschet, Touriga-Nacional e Aragonez. Cor granada intensa com nuance carmim. Tostados de cacau e especiaria, fruto vermelho e ameixa, notas de caruma, expressivo e rico. Texturas ainda rugosas de tanino jovem de boa seleção, prova muito longa e qualitativa. Gastronómico.

EM DESTAQUE ★ TOP 100 ★ EM DESTAQUE ★ TOP 100 ★ EM DESTAQUE

Cinco Forais, Reserva
IVIN
Tinto

| 10-15 € | 2017 | Regional Alentejano | 14% |

Baga, Alfrocheiro, Touriga-Nacional e Alicante Bouschet. Cor granada intensa com nuance carmim. Tostados de fumo e especiaria, ameixa e fruto vermelho maduro, muito mentolado e seivoso. Grata sucrosidade a cobrir tanino viçoso. Prova longa de um vinho superior e gastronómico.

EM DESTAQUE ★ TOP 100 ★ EM DESTAQUE ★ TOP 100 ★ EM DESTAQU

Herdade do Rocim
Rocim
Tinto

| 5-10 € | 2018 | Regional Alentejano | 14,5% |

Touriga-Nacional, Aragonez e Alicante Bouschet. Cor granada intensa com nuance carmim. Tostados de cacau e especiaria, fruto vermelho e ameixa, notas de caruma, expressivo e rico. Texturas ainda rugosas de tanino jovem de boa seleção, prova muito longa e qualitativa. Gastronómico.

EM DESTAQUE ★ TOP 100 ★ EM DESTAQUE ★ TOP 100 ★ EM DESTAQUE

Monsaraz, Alicante Bouschet
CARMIM
Tinto

| 5-10 € | 2017 | DOC Alentejo | 15,5% |

Alicante Bouschet. Cor granada intensa com nuance carmim. Tostados de cacau e especiaria, fruto vermelho e ameixa, notas de caruma, expressivo e rico. Texturas ainda rugosas de tanino jovem de boa seleção, prova muito longa e qualitativa. Gastronómico.

EM DESTAQUE ★ TOP 100 ★ EM DESTAQUE ★ TOP 100 ★ EM DESTAQU

Monsaraz, Reserva
CARMIM
Tinto

5-10 € | 2017 | DOC Alentejo | 15%

Alicante Bouschet, Trincadeira e Touriga-Nacional. Cor granada intensa com nuance carmim. Tostados de cacau e especiaria, fruto vermelho e ameixa, notas de caruma, expressivo e rico. Texturas ainda rugosas de tanino jovem de boa seleção, prova muito longa e qualitativa. Gastronómico.

EM DESTAQUE ★ TOP 100 ★ EM DESTAQUE ★ TOP 100 ★ EM DESTAQUE

Pêra Doce, Signature
Parras Wines
Tinto

| 10-15 € | 2016 | Regional Alentejano | 14% |

Alicante Bouschet, Syrah e Trincadeira. Cor granada retinta. Tostados de fumo e especiaria, ameixa e fruto vermelho maduro, alicorado com esteva, muito mentolado e terroso. Grata sucrosidade a cobrir tanino viçoso. Cheio, alongado e bem evoluído.

EM DESTAQUE ★ TOP 100 ★ EM DESTAQUE ★ TOP 100 ★ EM DESTAQUE

Poliphonia, Reserva
Monte dos Perdigões
Tinto

| 10-15 € | 2016 | Regional Alentejano | 14,5% |

Syrah, Aragonez e Alicante Bouschet. Cor granada intensa. Tostados doces e especiados, alicorados de framboesa e outros bagos. Grata sucrosidade natural a cobrir tanino viçoso de fina seleção. Gastronómico e muito bem evoluído.

EM DESTAQUE ★ TOP 100 ★ EM DESTAQUE ★ TOP 100 ★ EM DESTAQUE

Quid Pro Quo, Reserva
Casa Santos Lima
Tinto

| 10-15 € | 2017 | Regional Alentejano | 14,5% |

Touriga-Nacional e Petit Verdot. Cor granada intensa com nuance carmim. Atourigado na violeta, infusões herbais, caruma, framboesa e bergamota cítrica. Tostados doces e especiados. Corpo cheio, grata sucrosidade a cobrir taninos de longa duração. Gastronómico.

EM DESTAQUE ★ TOP 100 ★ EM DESTAQUE ★ TOP 100 ★ EM DESTAQU

Ravasqueira, Reserva da Família
Sociedade Agrícola D. Diniz
Tinto

| 10-15 € | 2017 | Regional Alentejano | 14% |

Touriga-Nacional e Syrah. Cor granada intensa com nuance carmim. Tostados de fumo e especiaria, ameixa e fruto vermelho maduro, muito mentolado com caruma. Grata sucrosidade a cobrir tanino viçoso. Longo e gastronómico.

EM DESTAQUE ★ TOP 100 ★ EM DESTAQUE ★ TOP 100 ★ EM DESTAQUE

Reguengos, Reserva
CARMIM
Tinto

| 5-10 € | 2017 | DOC Alentejo | 15% |

Alicante Bouschet, Aragonez e Trincadeira. Cor granada intensa com nuance carmim. Tostados de cacau e especiaria, fruto vermelho e ameixa, notas de caruma, expressivo e rico. Texturas ainda rugosas de tanino jovem e generoso, prova muito longa e qualitativa. Gastronómico.

EM DESTAQUE ★ TOP 100 ★ EM DESTAQUE ★ TOP 100 ★ EM DESTAQU

Talha Real, Premium
Herdade das Mouras de Arraiolos
Tinto

| 5-10 € | 2017 | Regional Alentejano | 14% |

Syrah, Cabernet Sauvignon e Aragonez. Cor granada intensa com nuance carmim. Fumados entre mentol e eucalipto de boa tosta, café com fruto vermelho e especiaria, esteva presente. Tanino vivo com polimento perfeito, grato alongamento lavante e gastronómico.

Vale das Mouras
Herdade das Mouras de Arraiolos
Tinto

| 5-10 € | 2018 | Regional Alentejano | 14% |

Syrah, Alicante Bouschet e Trincadeira. Cor granada intensa. Mentolados e eucalipto de boa tosta, licores de fruto vermelho e especiaria, esteva presente. Tanino bem evoluído com polimento médio, grato alongamento lavante e gastronómico.

ALENTEJO SUL DE PORTUGAL

.com, Premium	Branco
2-5 € Tiago Cabaço Winery	

13% 2019 | Regional Alentejano

90 PTS — Antão-Vaz, Verdelho e Viognier. Cor citrina clara. Fruta branca madura, casca cítrica, leve tropical. Limpo e expressivo. Boca média, com leve acidez subida. Longo e salivante.

Adega de Borba	Branco
2-5 € Adega Cooperativa de Borba	

13,5% 2019 | DOC Alentejo

86 PTS — Roupeiro, Arinto e Antão-Vaz. Cor citrina clara. Frutado maduro, notas limonadas refrescantes, impressão de pastelaria. Cheio, bem refrescado, acabamento médio com sucrosidade.

Adega de Borba, Premium, *Branco*

Ver destaque na página 213

91 PTS

Adega de Borba, Reserva, *Branco*

Ver destaque na página 214

92 PTS

Adega Mayor Seleção	Branco
5-10 € Adega Mayor	

12,5% 2018 | Regional Alentejano

85 PTS — Verdelho, Viogner e Arinto. Cor citrina média. Leve evolução de pólen, fruta branca madura, ervas de infusão. Boca média e sucrosa, frescura grata. Pronto a consumir.

SUL DE PORTUGAL **ALENTEJO**

Adega Mayor, Antão-Vaz	Branco
5-10 € Adega Mayor	

12,5%   2018 | Regional Alentejano

Antão-Vaz. Cor citrina média. Evolução de especiaria, mentol, frutos brancos e amarelos com casca cítrica. Leves fumados e pólen. Texturas alongadas, lavantes e bem refrescadas. Gastronómico.

89 PTS

Bojador	Branco
5-10 € Rocim	

12%   2019 | Regional Alentejano

Antão-Vaz, Arinto e Alvarinho. Cor citrina clara. Fragrante de ervas aromáticas, botão floral e fruta tropical. Médio nas texturas lavantes, excelente acidez presente e persistente. Gastronómico.

90 PTS

Caladessa	Branco
5-10 € Herdade da Calada	

13,5%   2018 | DOC Alentejo

Alvarinho, Arinto e Fernão-Pires. Cor citrina clara. Tropical e limonado, leve evolução de mel e especiaria. Sucrosidade a arredondar a boca elegante e fresca.

86 PTS

Capela	Branco
2-5 € Casa Clara	

13%   2019 | DOC Alentejo

Antão-Vaz, Arinto e Verdelho. Cor citrina média. Aromas herbais de infusão, com citrino e fruta de caroço. Cremoso, corpo médio e sem arestas. Bem desenhado.

89 PTS

Casas Brancas, Selection	Branco
2-5 € Parras Wines	

13%   2019 | Regional Alentejano

Antão-Vaz, Arinto e Roupeiro. Cor citrina média. Limonados e fruta branca madura. Mentas com leves tostados. Limpo e expressivo. Bem refrescado, salivante, médio na largura e longo na persistência.

87 PTS

ALENTEJO SUL DE PORTUGAL

Castelo de Borba, Antão-Vaz	Branco
2-5 € Adega Cooperativa de Borba	
13%	2018	DOC Alentejo

89 PTS — Antão-Vaz. Cor citrina clara. Frutado maduro, notas limonadas refrescantes, impressão de pastelaria. Cheio, bem refrescado, sucroso, longo e salivante. De boa mesa.

Castelo de Borba, Reserva, *Branco*

Ver destaque na página 215

Ciconia	Branco
2-5 € Casa Relvas	
12,5%	2019	Regional Alentejano

85 PTS — Lote com Antão-Vaz. Cor palha clara. Botão floral, tropical, rosa. Sucrosidade a desenhar o corpo leve. Consensual.

Ciconia, Reserva	Branco
5-10 € Casa Relvas	
12,5%	2018	Regional Alentejano

88 PTS — Viogner, Antão-Vaz e Arinto. Cor citrina média. Fumados e especiarias de tosta rica, herbais e limonados maduros. Doçura a cobrir alguma juventude, final de pólen.

Comenda Grande	Branco
5-10 € Comenda Grande	
12,5%	2019	Regional Alentejano

90 PTS — Arinto, Antão-Vaz e Verdelho. Cor citrina clara. Tímido nos aromas limonados, de fruta branca, pólen e pastelaria. Frescura salivante, texturas densas e lavante de um vinho talhado para a mesa.

SUL DE PORTUGAL **ALENTEJO**

Convento da Vila		Branco
2-5 €	Adega Cooperativa de Borba	

13,5%   2019 | Regional Alentejano

Roupeiro, Rabo de Ovelha e Fernão-Pires. Cor citrina média. Leve nota de pastelaria antes do nariz frutado maduro, com refresco floral e cítrico. Boca com desenho refrescado muito cativante, longa e salivante, de boa mesa.

Conventual, Reserva		Branco
5-10 €	Adega de Portalegre	

12%   2018 | DOC Alentejo

Arinto, Fernão-Pires, Siria e Bical. Cor citrina média. Leve evolução de pólen e especiaria, fruta branca madura, ameixa presente. Frescura bem desenhada num vinho de corpo e acabamento médios.

Dona Maria		Branco
5-10 €	Júlio Bastos	

12,5%   2019 | Regional Alentejano

Viosinho, Arinto e Antão-Vaz. Cor citrina clara. Limonado e tropical num aroma limpo e simples. Texturas elegantes, frescas e sem desmaio. Consensual.

Dona Maria, Amantis, Reserva		Branco
10-15 €	Júlio Bastos	

15,5%   2017 | Regional Alentejano

Viogner. Cor dourada clara. Especiaria doce e notas lácteas em equilíbrio com as frutas de caroço e as brancas de pomar. Leve mel em aroma guloso. Rugosidade e espessura num vinho longo e salivante, de mesa rica.

Dona Maria, Viogner		Branco
10-15 €	Júlio Bastos	

13%   2019 | Regional Alentejano

Viogner. Cor citrina clara. Botão floral, pétala, alperce entre a fruta de caroço, tostados de especiaria doce muito bem integrados. Mentas presentes. Doçura e acidez em equilíbrio num vinho elegante.

ALENTEJO SUL DE PORTUGAL

EA	Branco
5-10 €	Fundação Eugénio de Almeida
12,5%	2018	Regional Alentejano

88 PTS — Antão-Vaz, Arinto e Roupeiro. Cor citrina média. Fruta branca e limonada. Seiva vegetal, notas herbais. Fresco e salivante, alongado, de boa mesa.

Evergreen	Branco
2-5 €	Parras Wines
12,5%	2019	Regional Alentejano

85 PTS — VEGAN Antão-Vaz, Gouveio, Viosinho e Verdelho. Cor citrina clara. Limonados e fruta branca madura, suave nota melada no nariz e na boca. Limpo e expressivo. Bem refrescado, salivante, médio na largura e longo na persistência.

Florão	Branco
5-10 €	Symington Family Estates
13,5%	2019	Regional Alentejano

88 PTS — Arinto e Verdelho. Cor citrina clara. Limonado e tropical, notas herbais e florais num aroma muito fresco. Doçura e frescura em harmonia num corpo médio e alongado.

Foral d'Évora, Colheita, *Branco*

Ver destaque na página 216

91 PTS

Guadalupe, Winemakers Selection	Branco
10-15 €	Quinta do Quetzal
13%	2018	DOC Alentejo

88 PTS — Antão-Vaz e Arinto. Cor citrina média. Leve nota de fósforo e tosta fumada antes de hortelãs, limonados e fruta de caroço. Especiaria presente. Elegante, com texturas polidas de longa revelação. Frescura grata e gastronómica.

SUL DE PORTUGAL **ALENTEJO**

Guarda Rios	Branco
5-10 € Sociedade Agrícola D. Diniz	

13%   2019 | Regional Alentejano

Antão-Vaz e Arinto. Cor palha média. Rebuçado de fruta e erva doce, notas de especiarias. Frescura bem desenhada, sucrosidade presente em boca de boa amplitude.

88 PTS

Guarda Rios, Signature	Branco
10-15 € Sociedade Agrícola D. Diniz	

13%   2019 | Regional Alentejano

Antão-Vaz, Viogner e Sémillon. Cor palha média. Rebuçado de fruta, nota caramelizada com erva doce, ervas de infusão e leves abaunilhados. Doçura a cobrir texturas vibrantes de boa mesa.

88 PTS

Herdade de São Miguel, Colheita Seleccionada, *Branco*

91 PONTOS

Ver destaque
na página 217

Herdade do Paço do Conde	Branco
2-5 € Sociedade Agrícola da Encosta do Guadiana	

13,5%   2018 | Regional Alentejano

Antão-Vaz e Arinto. Cor palha média. Evolução correta, com fruto maduro, leve passa e fruto seco, pastelaria. Nota sucrosa grata. Alongamento fresco, sem desmaios, texturas de boa mesa.

90 PTS

Herdade do Rocim, *Branco*

93 PTS

Ver destaque
na página 218

245

ALENTEJO SUL DE PORTUGAL

Herdade dos Veros, Selection	Branco
5-10 €	JJMR - Sociedade Agrícola

13% 2018 | DOC Alentejo

88 PTS

Antão-Vaz e Verdelho. Cor palha clara. Tímido na fruta branca e limonada, leve evolução de pólen. Excelente densidade sucrosa, bom equilíbrio fresco e salivante.

Herdade Paço do Conde, Reserva	Branco
10-15 €	Sociedade Agrícola da Encosta do Guadiana

15,5% 2017 | Regional Alentejano

90 PTS

Antão-Vaz. Cor dourada clara. Especiaria doce e notas lácteas em equilíbrio com as frutas de caroço e as brancas de pomar. Leve mel em aroma guloso. Rugosidade e espessura num vinho longo e salivante, de mesa rica.

Honrado, Vinho de Talha, *Branco*

Ver destaque na página 219

91 PTS

Loios	Branco
2-5 €	J. Portugal Ramos

12,5% 2019 | Regional Alentejano

90 PTS

Roupeiro e Rabo de Ovelha. Cor citrina média. Expressão de flores e fruto tropical, mentas refrescantes. Longo, fresco e sem desmaios. Excelente à mesa. Boa compra.

Mamoré de Borba	Branco
5-10 €	Sotavinhos (SOVIBOR)

13,5% 2018 | DOC Alentejo

90 PTS

Arinto, Antão-Vaz e Verdelho. Cor palha média. Fruta madura, desde citrino a ananás. Esteva e mentas frescas. Especiaria presente. Cheio, fresco, alongado e gastronómico.

SUL DE PORTUGAL **ALENTEJO**

Marquês de Borba, Colheita	Branco
5-10 € J. Portugal Ramos	

12,5%   2019 | DOC Alentejo

Arinto, Antão-Vaz e Viogner. Cor citrina clara. Fruta branca e limonada. Seiva vegetal, notas herbais. Fresco e salivante, alongado, de boa mesa.

 88 PTS

Marquês de Borba, Vinhas Velhas, *Branco*

 93 PTS

Ver destaque na página 220

Monsaraz, Reserva	Branco
5-10 € CARMIM	

13,5%   2017 | DOC Alentejo

Gouveio, Antão-Vaz e Viosinho. Cor dourada clara. Especiaria doce e iogurte de alguma tosta. Limonados, alperce e notas mentoladas peitorais. Longo, denso, salivante. Final de pólen.

 89 PTS

Monsaraz, Tradição	Branco
2-5 € CARMIM	

13%   2018 | DOC Alentejo

Antão-Vaz, Arinto e Gouveio. Cor citrina média. Evolução correta, com fruto maduro, leve passa e fruto seco, floral. Alongamento fresco, texturas de boa mesa.

 87 PTS

Monte da Capela, Branco de Curtimenta	Branco
5-10 € Casa Clara	

13,5%   2019 | Regional Alentejano

Viogner e Arinto. Cor dourada clara. Fruta de caroço e limonados, seiva, pastelaria e mentas. Frescura bem desenhada, prova longa e salivante, texturas de qualidade superior. Gastronómico.

 90 PTS

ALENTEJO SUL DE PORTUGAL

Monte da Capela, Premium		Branco
5-10 €	Casa Clara	
12,5%		2018 | DOC Alentejo

88 PTS

Arinto e Antão-Vaz. Cor citrina clara. Tímido nos aromas frutados, leve nota de seiva e especiaria. Acidez grata e lavante, vinho longo de boa mesa.

Monte da Capela, Reserva		Branco
5-10 €	Casa Clara	
12,5%		2018 | DOC Alentejo

90 PTS

Arinto e Antão-Vaz. Cor citrina média. Grata evolução apetrolada, fruta branca compotada, refresco herbal. Textura glicerinada, frescura alongada e lavante. Rico à mesa.

Monte da Capela, Verdelho, *Branco*

Ver destaque na página 221

93 PTS

Pêra Doce, Reserva		Branco
5-10 €	Parras Wines	
13%		2018 | Regional Alentejano

90 PTS

Antão-Vaz, Arinto e Roupeiro. Cor citrina clara. Tímido nos aromas limonados e de fruto branco, nota de seiva, mentas e pólen. Texturas de acidez bem refrescada, forte poder lavante, corpo firme e de excelente presença à mesa.

Poliphonia, Reserva		Branco
10-15 €	Monte dos Perdigões	
15,5%		2017 | Regional Alentejano

90 PTS

Antão-Vaz, Viogner e Gouveio. Cor palha média. Especiaria doce e notas lácteas em equilíbrio com as frutas de caroço e as brancas de pomar. Leve mel em aroma guloso. Rugosidade e espessura num vinho longo e salivante, de mesa rica.

SUL DE PORTUGAL **ALENTEJO**

Porta da Ravessa	Branco
2-5 €	Adega Cooperativa de Redondo

12,5%   2019 | DOC Alentejo

Roupeiro, Arinto e Fernão-Pires. Cor citrina média. Botão floral, maracujá, fruto de caroço, mentas, cativante. Longo, fresco e sem desmaios. Excelente em mesas de picoteio. Boa compra.

Porta da Ravessa, Reserva	Branco
5-10 €	Adega Cooperativa de Redondo

12,5%   2018 | Regional Alentejano

Fernão-Pires, Arinto e Sémillon. Cor citrina média. Fumados e especiarias de tosta rica, herbais e limonados maduros. Doçura a cobrir alguma juventude, final de pólen.

Pouca Roupa	Branco
2-5 €	J. Portugal Ramos

12%   2019 | Regional Alentejano

Verdelho, Sauvignon Blanc e Viosinho. Cor citrina média. Botão floral, maracujá, fruto de caroço, cativante. Longo, fresco e sem desmaios. Excelente em mesas de picoteio. Boa compra.

Quinta da Fonte Souto, *Branco*

Ver destaque
na página 222

Ravasqueira, Reserva da Família	Branco
10-15 €	Sociedade Agrícola D. Diniz

12,5%   2018 | Regional Alentejano

Alvarinho e Viogner. Cor citrina média. Botão floral, pétala, melão e fruta de caroço, tostados de especiaria muito bem integrados. Esteva e mentas presentes. Doçura e acidez em equilíbrio num vinho de corpo médio.

249

ALENTEJO SUL DE PORTUGAL

Régia Colheita, Reserva, *Branco*

Ver destaque
na página 223

Reguengos		Branco
2-5 €	CARMIM	
13%		2018 | DOC Alentejo

Síria (Roupeiro) e Antão-Vaz. Cor citrina média. Evolução correta, com fruto maduro, leve passa e fruto seco, floral. Alongamento fresco, sem desmaios, texturas de boa mesa.

Santa Vitória, Seleção		Branco
5-10 €	Casa de Santa Vitória	
13%		2019 | Regional Alentejano

Arinto e Verdelho. Cor citrina clara. Pastelaria fina antes de herbais e limonados, nota de fruto tropical. Boa densidade, grata salivação para a mesa rica, estrutura sem desmaios.

Segredos de São Miguel, Reserva		Branco
5-10 €	Casa Relvas	
12,5%		2018 | Regional Alentejano

Lote com Viognier. Cor citrina média. Fumados e especiarias de tosta rica, herbais e limonados maduros. Doçura a cobrir alguma juventude, final de pólen.

Tapada das Lebres, Premium		Branco
10-15 €	Herdade das Mouras de Arraiolos	
13%		2018 | Regional Alentejano

Antão-Vaz e Arinto. Cor citrina média. Botão floral, pétala, fruta de caroço, tostados e especiaria doce muito bem integrados. Mentas presentes. Doçura e acidez em equilíbrio num vinho muito elegante.

SUL DE PORTUGAL **ALENTEJO**

Tapada do Barão, Colheita Seleccionada	Branco
2-5 € Monte dos Perdigões	

13%　　　　2019 | Regional Alentejano

Lote com Viognier. Cor palha clara. Frutado maduro, leve tropical, simples e limpo. Boca média, de corpo e alongamento. Pronto a consumir.

Valcatrina	Branco
2-5 € Casa Santos Lima	

12,5%　　　　2019 | Regional Alentejano

Antão-Vaz, Arinto e Verdelho. Cor citrina clara. Aromas herbais de infusão, com citrino e fruta de caroço. Cremoso, corpo leve e sem arestas. Bem desenhado.

Vidigueira, Antão-Vaz, *Branco*

Ver destaque na página 224

Vidigueira, Premium	Branco
5-10 € Adega Cooperativa de Vidigueira, Cuba e Alvito	

13%　　　　2019 | DOC Alentejo

Arinto, Antão-Vaz e Roupeiro. Cor citrina clara. Limonados, erva de infusão, frutos tropicais, suaves notas de especiaria e pastelaria. Doçura em equilíbrio com acidez bem desenhada. Texturas seletas e salivantes, de boa mesa.

Vidigueira, Signature	Branco
10-15 € Adega Cooperativa de Vidigueira, Cuba e Alvito	

13%　　　　2018 | DOC Alentejo

Antão-Vaz, Arinto e Perrum. Cor citrina média. Esteva, mentas entre notas tropicais. Limonados com especiaria doce entre tostados. Carnudo, longo, com cobertura doce grata.

ALENTEJO SUL DE PORTUGAL

Vinea		Branco
2-5 €	Fundação Eugénio de Almeida	
13,5%	2019	Regional Alentejano

87 PTS — Antão-Vaz, Roupeiro e Arinto. Cor palha média. Frutado maduro, leve tropical, simples e limpo. Boca encorpada e com texturas salivantes que a mesa agradece.

Vinhas do Ocidente, Reserva		Branco
5-10 €	Casa Relvas	
12,5%	2018	Regional Alentejano

88 PTS — Lote com Antão-Vaz. Cor citrina média. Fumados e especiarias de tosta rica, herbais e limonados maduros. Doçura a cobrir alguma juventude, final de pólen.

Bojador		Rosé
5-10 €	Rocim	
12,5%	2019	Regional Alentejano

86 PTS — Aragonez e Touriga-Nacional. Água clara de rosa. Fruto vermelho, leve pastelaria e pólen. Excelente frescura lavante, bom alongamento.

Capela		Rosé
2-5 €	Casa Clara	
12,5%	2019	DOC Alentejo

89 PTS — Aragonez. Água média de topázio. Rebuçado de fruto, nota refrescante de seiva. Sucrosidade em equilíbrio com a acidez, corpo cheio de boa mesa.

Ciconia		Rosé
2-5 €	Casa Relvas	
12,5%	2019	Regional Alentejano

84 PTS — Lote com Aragonez. Água média de topázio. Rebuçado de fruto, caramelizados. Sucrosidade a dominar o conjunto de corpo médio. Consumo imediato.

Comenda Grande, *Rosé*

Ver destaque
na página 225

EA	Rosé
5-10 € Fundação Eugénio de Almeida	
12% 2019	Regional Alentejano

Touriga-Nacional, Syrah e Castelão. Água média de cobre. Fruto vermelho, seiva entre notas vegetais e terrosas. Boca firme a longa, forte poder lavante que qualquer comida agradece.

Herdade de São Miguel, Colheita Seleccionada, *Branco*

Ver destaque
na página 226

Herdade do Rocim	Rosé
5-10 € Rocim	
12,5% 2019	Regional Alentejano

Touriga-Nacional. Água clara de topázio. Botão floral, framboesa e outros bagos. Texturas firmes e sucrosas, bom desenho refrescante. Gastronómico. Superior.

Porta da Ravessa	Rosé
2-5 € Adega Cooperativa de Redondo	
13,5% 2019	DOC Alentejo

Castelão e Aragonez. Água média de cobre. Botão floral, framboesa viva, guloso. Alongado, sucrosidade bem desenhada. Muito consensual.

ALENTEJO SUL DE PORTUGAL

Pouca Roupa		Rosé
2-5 €	J. Portugal Ramos	

12% 2019 | Regional Alentejano

Touriga-Nacional, Aragonez e Cabernet Sauvignon. Água média de cobre. Fruto vermelho, leve infusão herbal e limonada. Expressivo e limpo. Corpo e acabamento atempados.

Valcatrina		Rosé
2-5 €	Casa Santos Lima	

13% 2019 | Regional Alentejano

Touriga-Nacional e Syrah. Água média de topázio. Fruto vermelho, leve padaria, grata nota de seiva e flor. Frescura muito grata, sucrosidade bem desenhda, longo e salivante. Boa compra.

.com, premium		Tinto
2-5 €	Tiago Cabaço Winery	

14% 2019 | Regional Alentejano

Touriga-Nacional, Aragonez, Trincadeira e Alicante Bouschet. Cor granada intensa e carmim. Fruto vermelho maduro, moca e especiaria. Muito limpo. Alongado, desenho fresco correto, tanino salivante ideal. Consensual.

Adega de Borba, Reserva, *Tinto*

Ver destaque na página 227

Adega do Passo		Tinto
2-5 €	Sotavinhos (SOVIBOR)	

13,5% 2018 | Regional Alentejano

Alicante Bouschet, Syrah e Castelão. Cor granada média com nuance carmim. Fruta vermelha e ameixa maduras, leves alicorados com esteva e outras ervas. Médio no corpo e no polimento de taninos. Final sucroso.

SUL DE PORTUGAL **ALENTEJO**

Adega Mayor, Reserva	Tinto
5-10 € Adega Mayor	

14% 2017 | Regional Alentejano

Aragonez, Touriga-Nacional e Alicante Bouschet. Cor granada intensa com nuance carmim. Mentolados e eucalipto de boa tosta, licores de fruto vermelho e especiaria, esteva presente. Tanino vivo com polimento médio, grato alongamento lavante e gastronómico.

Adega Mayor, Syrah	Tinto
10-15 € Adega Mayor	

15% 2017 | Regional Alentejano

Syrah. Cor granada intensa com nuance carmim. Tostados doces e especiarias, baunilha e cacau, framboesa e outros bagos. Grata sucrosidade a cobrir tanino viçoso. Longo e espirituoso.

Adega Mayor, Touriga-Franca	Tinto
10-15 € Adega Mayor	

15,5% 2017 | Regional Alentejano

Touriga-Franca. Cor granada retinta com nuance violácea. Tostados de fumo e especiaria, ameixa e fruto vermelho maduro, muito mentolado com caruma. Grata sucrosidade a cobrir tanino viçoso. Longo e espirituoso.

Adega Mayor, Touriga-Nacional	Tinto
10-15 € Adega Mayor	

14,5% 2017 | Regional Alentejano

Touriga-Nacional. Cor granada intensa com nuance carmim. Atourigado na violeta, infusões herbais, caruma, licor de framboesa e bergamota cítrica. Tostados doces e especiarias. Corpo cheio, grata sucrosidade a cobrir taninos de longa duração. Gastronómico.

AR, Reserva	Tinto
5-10 € Adega Cooperativa de Redondo	

14% 2017 | Regional Alentejano

Touriga-Nacional, Syrah e Alicante Bouschet. Cor granada intensa com nuance carmim. Fruta vermelha, cacau e especiaria, tostado lácteo. Sucrosidade natural a arredondar tanino jovem. Prova longa, carnuda, de boa mesa.

ALENTEJO SUL DE PORTUGAL

AR, Touriga-Nacional		Tinto
5-10 €	Adega Cooperativa de Redondo	
14%	2016	Regional Alentejano

Touriga-Nacional. Cor granada intensa com nuance carmim. Fumados entre mentol e eucalipto de boa tosta, fruto vermelho e especiaria, esteva presente. Tanino vivo com polimento perfeito, grato alongamento lavante e gastronómico.

Bojador		Tinto
5-10 €	Rocim	
14%	2019	Regional Alentejano

Aragonez, Touriga-Nacional e Trincadeira. Cor granada média com nuance carmim. Rebuçado de fruta, cacau e especiaria, tostado lácteo. Doçura a arredondar tanino jovem. Prova longa, de boa mesa.

Bojador, Reserva, *Tinto*

Ver destaque na página 228

Calatrava		Tinto
5-10 €	Herdade da Mingorra	
13,5%	2018	Regional Alentejano

Aragonez, Trincadeira e Syrah. Cor granada intensa com nuance carmim. Rebuçado de fruta, cacau e especiaria, tostado lácteo. Doçura a arredondar tanino jovem. Prova longa, carnuda, de boa mesa.

Calatrava, Vinhas Velhas		Tinto
5-10 €	Herdade da Mingorra	
14%	2018	Regional Alentejano

Touriga-Nacional, Syrah e Alicante Bouschet. Cor granada média com nuance carmim. Rebuçado de fruta, cacau e especiaria, tostado lácteo. Doçura a arredondar tanino jovem. Prova longa, carnuda, de boa mesa.

SUL DE PORTUGAL **ALENTEJO**

Canto Décimo	Tinto
5-10 € Encostas de Alqueva	

13,5%   2018 | Regional Alentejano

Syrah, Alicante Bouschet e Touriga-Nacional. Cor granada média, com nuance carmim. Tostados peitorais de fumo e especiaria, fruto vermelho e negro, caruma. Elegante, longo, salivante de bom tanino maduro. Boa compra.

Casas Brancas, Selection	Tinto
2-5 € Parras Wines	

13%   2018 | Regional Alentejano

Trincadeira, Aragonez e Alicante Bouschet. Cor granada média com nuance carmim. Fruta achocolatada, morango dominante, leves fumados de especiaria. Corpo médio, tanino maduro bem coberto por grata sucrosidade. Consensual.

Castelo de Borba	Tinto
2-5 € Adega Cooperativa de Borba	

13,5%   2017 | Regional Alentejano

Aragonez, Syrah e Alicante Bouschet. Cor granada média, com nuance carmim. Fruta vermelha com notas lácteas e de especiaria doce, simples, mas expressivo. Elegante, longo, muito bem desenhado.

Castelo de Borba, Reserva	Tinto
5-10 € Adega Cooperativa de Borba	

14%   2016 | DOC Alentejo

Aragonez, Alicante Bouschet, Touriga-Nacional e Cabernet Sauvignon. Cor granada intensa com nuance carmim. Fumados entre mentol e eucalipto de boa tosta, café com fruto vermelho e especiaria, esteva presente. Tanino vivo com polimento sucroso, grato alongamento lavante e gastronómico.

Castelo dos Mouros, Reserva	Tinto
5-10 € Parras Wines	

13,5%   2018 | Regional Alentejano

Trincadeira, Aragonez e Syrah. Cor granada intensa com nuance carmim. Alicorados de bagos e ameixa, excelente nota tostada de especiaria e cacau. Grata sucrosidade a cobrir tanino viçoso. De boa mesa.

257

ALENTEJO SUL DE PORTUGAL

Ciconia	Tinto
2-5 € Casa Relvas	

13,5% 2019 | Regional Alentejano

88 PTS

Lote com Touriga-Nacional. Cor granada média, com nuance carmim. Fruto vermelho, notas vegetais, aromas maduros e especiados. Sucrosidade a equilibrar os taninos jovens e a acidez refrescada.

Ciconia, Reserva	Tinto
5-10 € Casa Relvas	

14% 2018 | Regional Alentejano

87 PTS

Lote com Aragonez. Cor granada intensa. Fumados de tosta tecno, café com fruto vermelho e especiaria, esteva presente. Tanino vivo com polimento médio, final agridoce.

Cinco Forais, Reserva, *Tinto*

Ver destaque na página 229

92 PTS

Cinco Forais, Colheita Selecionada	Tinto
5-10 € IVIN	

14% 2018 | Regional Alentejano

90 PTS

Aragonez, Moreto, Castelão e Trincadeira. Cor granada intensa com nuance carmim. Café com fruto vermelho e especiaria, esteva presente. Tanino vivo com polimento perfeito e sucroso, grato alongamento lavante e gastronómico.

Conde de Arraiolos, Premium	Tinto
5-10 € Herdade das Mouras de Arraiolos	

14% 2019 | Regional Alentejano

88 PTS

Syrah, Alicante Bouschet e Cabernet Sauvignon. Cor granada intensa com nuance carmim. Cacau com fruto vermelho e especiaria, caruma presente. Tanino vivo com polimento médio, grato alongamento lavante e gastronómico.

SUL DE PORTUGAL **ALENTEJO**

Conde de Arraiolos, Syrah	Tinto
2-5 €	Herdade das Mouras de Arraiolos

13,5%　　　2018 | Regional Alentejano

Syrah. Cor granada intensa, com nuance carmim. Café, moca e baunilha como notas de tosta. Fruto vermelho e iogurte presentes. Expressivo. Tanino de uva e madeira, vinho longo e rugoso que agradece comida.

Conventual, Reserva	Tinto
5-10 €	Adega de Portalegre

14%　　　2017 | DOC Alentejo

Alicante Bouschet, Trincadeira e Touriga-Nacional. Cor granada intensa com nuance carmim. Rebuçado de fruta, cacau e especiaria, tostado lácteo. Doçura a arredondar tanino jovem. Prova longa, carnuda, de boa mesa.

Dizeres	Tinto
2-5 €	Adega Mayor

14%　　　2018 | Regional Alentejano

Aragonez e Trincadeira. Cor granada intensa, com nuance carmim. Fruto vermelho alicorado, notas herbais e de flor. Texturas muito aveludadas, com frescura e alongamento. Autossuficiente.

Dona Maria	Tinto
5-10 €	Júlio Bastos

14%　　　2016 | DOC Alentejo

Aragonez, Alicante Bouschet, Syrah e Cabernet Sauvignon. Cor granada média. Bacon entre mentolados e eucalipto de boa tosta, café com fruto vermelho e especiaria, esteva presente. Tanino vivo com médio polimento, grato alongamento lavante e gastronómico.

Dona Maria, Amantis, Reserva	Tinto
10-15 €	Júlio Bastos

14,5%　　　2016 | DOC Alentejo

Cabernet Sauvignon, Syrah, Petit Verdot e Touriga-Nacional. Cor granada intensa com nuance carmim. Tostados de fumo e especiaria, ameixa e fruto vermelho maduro, muito mentolado e seivoso. Grata sucrosidade a cobrir tanino viçoso. Longo e gastronómico.

ALENTEJO SUL DE PORTUGAL

Encostas de Arraiolos	Tinto
2-5 € IVIN	

13% 2018 | Regional Alentejano

 Trincadeira, Aragonez e Alicante Bouschet. Cor granada média, com nuance carmim. Fruto vermelho vivo, com destaque de framboesa, leves tostados de moca. Sucrosidade grata no desenho de tanino jovem por educar. Bom na mesa.

Encostas de Pias, Private Selection	Tinto
2-5 € Encostas de Alqueva	

13,5% 2018 | Regional Alentejano

 Trincadeira, Aragonez, Alfrocheiro e Moreto. Cor granada média. Fruta alicorada, esteva e erva doce, com leve fumado. Sucrosidade que se prolonga em toda a prova, cobrindo tanino com vida. Puro alentejano.

Evergreen	Tinto
2-5 € Parras Wines	

13,5% 2018 | Regional Alentejano

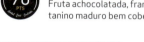 VEGAN Alicante Bouschet, Aragonez e Syrah. Cor granada intensa com nuance carmim. Fruta achocolatada, framboesa dominante, leves fumados de especiaria. Corpo rijo e cheio, tanino maduro bem coberto por grata sucrosidade. Gastronómico.

Fita Preta	Tinto
10-15 € Maçanita Vinhos	

14,5% 2018 | Regional Alentejano

 Aragonez, Trincadeira e Alicante Bouschet. Cor granada média com nuance carmim. Alicorados de bagos e ameixa, nota tostada de especiaria e cacau. Seiva refrescante. Elegante, frescura atrevida, lavante e de boa mesa, tanino por educar.

Florão	Tinto
5-10 € Symington Family Estates	

14% 2017 | Regional Alentejano

 Lote com Aragonez. Cor granada intensa com nuance carmim. Tostados de fumo e especiaria, ameixa e fruto vermelho maduro, muito mentolado e seivoso. Tanino viçoso e lavante, em pleno polimento, corpo denso, sucroso, de longa revelação.

SUL DE PORTUGAL **ALENTEJO**

Foral d'Évora, Colheita	Tinto
10-15 € Fundação Eugénio de Almeida	

15%   2017 | DOC Alentejo

Alicante Bouschet, Aragonez e Trincadeira. Cor granada intensa com nuance carmim. Tostados de fumo e especiaria, ameixa e fruto vermelho maduro, muito mentolado e seivoso. Grata sucrosidade a cobrir tanino viçoso. Longa e espirituosa revelaçao de um vinho gastronómico.

Fortissimo	Tinto
2-5 € Casa Santos Lima	

14,5%   2019 | Regional Alentejano

Touriga-Nacional, Syrah, Petit Verdot e Alicante Bouschet. Cor granada retinta, com nuance carmim. Fruta vermelha e negra, especiarias e tostas de boa madeira. Carnudo, fresco e doce, tanino generoso e jovem, prova longa e de mesa rica. Compra acertada.

GA (Granja-Amareleja)	Tinto
5-10 € Encostas de Alqueva	

13,5%   2018 | DOC Alentejo

Moreto, Aragonez e Trincadeira. Cor granada intensa. Doce de leite e baunilha antes de fruta alicorada, esteva e erva doce, com leve fumado. Sucrosidade que se prolonga em toda a prova, cobrindo tanino com vida. Puro Alentejano. Boa compra.

Guadalupe	Tinto
5-10 € Quinta do Quetzal	

14%   2018 | Regional Alentejano

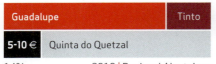

Trincadeira, Aragonez e Alfrocheiro. Cor granada intensa com nuance carmim. Tostados de fumo e especiaria, ameixa e fruto vermelho maduro, muito mentolado e seivoso. Grata sucrosidade a cobrir tanino viçoso. De boa mesa.

Guarda Rios	Tinto
5-10 € Sociedade Agrícola D. Diniz	

13,5%   2019 | Regional Alentejano

Aragonês, Syrah, Trincadeira e Alicante Bouschet. Cor granada intensa com nuance carmim. Rebuçado de fruta, esteva e outros matos, especiaria em licor. Sucrosidade a cobrir tanino seleto, corpo alongado de boa mesa.

ALENTEJO SUL DE PORTUGAL

Herdade das Mouras, Touriga-Nacional		Tinto
2-5 €	Herdade das Mouras de Arraiolos	
13,5%	2019	Regional Alentejano	

Touriga-Nacional. Cor granada intensa, com nuance carmim. Aroma atourigado de violeta, caruma, framboesa, notas de tosta doce, láctea e especiada. Boca longa, frescura atrevida, tanino jovem de boa mesa. Compra acertada.

Herdade de São Miguel, Colheita Seleccionada		Tinto
2-5 €	Casa Relvas	
13,5%	2019	Regional Alentejano	

Lote com Alicante Bouschet. Cor granada média, com nuance carmim. Fruto vermelho maduro com especiaria e cacau. Tostados peitorais. Sucrosidade que equilibra o desenho jovem de taninos, longo e de boa mesa. Boa compra.

Herdade de São Miguel, Escolha dos Enólogos		Tinto
10-15 €	Casa Relvas	
14,5%	2018	Regional Alentejano	

Lote com Syrah. Cor granada intensa com nuance carmim. Tostados de fumo e especiaria, ameixa e fruto vermelho maduro, muito mentolado e seivoso. Grata sucrosidade a cobrir tanino viçoso. Longo e gastronómico.

Herdade do Rocim, *Tinto*

Ver destaque na página 230

Herdade do Rocim, Alicante Bouschet		Tinto
10-15 €	Rocim	
14%	2018	Regional Alentejano	

Alicante Bouschet. Cor granada retinta com nuance violácea. Tostados de fumo e especiaria, ameixa e fruto vermelho maduro, muito mentolado. Grata sucrosidade a cobrir tanino viçoso. Longo e gastronómico.

SUL DE PORTUGAL **ALENTEJO**

Herdade do Rocim, Reserva	Tinto
10-15 € Rocim	

14%   2018 | Regional Alentejano

Touriga-Nacional, Alicante Bouschet e Aragonez. Cor granada intensa com nuance carmim. Tostados doces e especiados, alicorados de framboesa e outros bagos. Grata sucrosidade a cobrir tanino viçoso de fina seleção. Gastronómico.

Herdade do Rocim, Touriga-Nacional	Tinto
10-15 € Rocim	

14%   2018 | Regional Alentejano

Touriga-Nacional. Cor granada intensa com nuance carmim. Tostados de fumo e especiaria, ameixa e fruto vermelho maduro, muito mentolado com caruma. Grata sucrosidade a cobrir tanino viçoso. Longo e gastronómico.

Herdade dos Veros, Seleção	Tinto
5-10 € JJMR - Sociedade Agrícola	

15,5%   2018 | DOC Alentejo

Alicante Bouschet, Aragonez e Cabernet Sauvignon. Cor granada intensa com nuance carmim. Rebuçado de fruta, cacau e especiaria, tostado lácteo. Doçura a arredondar tanino jovem. Prova longa, carnuda, de mesa rica.

Herdade Paço do Conde, Touriga-Nacional & Syrah	Tinto
5-10 € Sociedade Agrícola da Encosta do Guadiana	

14%   2016 | Regional Alentejano

Touriga-Nacional e Syrah. Cor granada intensa. Bacon entre mentolados e eucalipto de boa tosta, café com fruto vermelho e especiaria, esteva presente. Tanino vivo com rugosidade, grato alongamento lavante e gastronómico.

Honrado, Vinho de Talha	Tinto
10-15 € Honrado Vineyards	

14%   2018 | DOC Alentejo

Aragonez, Trincadeira e Alicante Bouschet. Cor granada clara com nuance carmim. Argila, frutado maduro e alicorado, esteva e outros matos aromáticos, elegante com tanino domado e longa presença.

ALENTEJO — SUL DE PORTUGAL

Indelével	Tinto
2-5 €	Parras Wines

13,5%   2018 | Regional Alentejano

VEGAN Alicante Bouschet, Aragonez e Syrah. Cor granada intensa com nuance carmim. Fruta achocolatada, framboesa dominante, leves fumados de especiaria. Corpo rijo e cheio, tanino maduro bem coberto por grata sucrosidade. Gastronómico.

Indígena, Herdade do Rocim	Tinto
10-15 €	Rocim

14%   2018 | Regional Alentejano

BIO Alicante Bouschet. Cor granada intensa com nuance carmim. Frutado maduro, leve compota de bagos, nota mentolada e de esteva refrescantes. Tanino em pleno polimento. Corpo cheio e alongado, vinho natural e gastronómico.

Mamoré de Borba	Tinto
5-10 €	Sotavinhos (SOVIBOR)

14%   2017 | DOC Alentejo

Alicante Bouschet, Syrah e Castelão. Cor granada intensa com nuance carmim. Tostados de fumo e especiaria, ameixa e bagos com cacau, esteva presente. Carnudo, longo, tanino por polir. Gastronómico.

Marquês de Borba, Colheita	Tinto
5-10 €	J. Portugal Ramos

14%   2018 | DOC Alentejo

Lote com Alicante Bouschet. Cor granada intensa com nuance carmim. Apimentados com framboesa e outros bagos. Tostados de especiaria e mentol. Boca sucrosa, cobrindo tanino jovem de longa educação. De boa mesa.

Marquês de Montemor	Tinto
2-5 €	Quinta da Plansel

14%   2018 | Regional Alentejano

Aragonez, Trincadeira e Touriga-Nacional. Cor granada média, com nuance carmim. Fruto vermelho, notas vegetais, aromas maduros e simples. Sucrosidade a equilibrar os taninos jovens e a acidez refrescada.

SUL DE PORTUGAL **ALENTEJO**

14,5%   2017 | Regional Alentejano

Aragonez, Touriga-Nacional e Tinta-Barroca. Cor granada intensa. Bacon entre mentolados e eucalipto de boa tosta, café com fruto vermelho e especiaria, esteva presente. Tanino vivo com rugosidade, grato alongamento lavante e gastronómico.

15,5%   2016 | Regional Alentejano

Touriga-Nacional. Cor granada intensa. Fumados entre mentol e eucalipto de boa tosta, licores com fruto vermelho e especiaria, esteva presente. Tanino vivo com polimento médio, grato alongamento lavante e gastronómico.

Monsaraz, Alicante Bouschet, *Tinto*

Ver destaque
na página 231

14,5%   2018 | DOC Alentejo

Trincadeira, Alicante Bouschet e Syrah. Cor granada intensa, com nuance carmim. Fruta vermelha e negra, alguma especiaria e cacau, aroma guloso. Vinho de texturas conversadoras, taninos maduros com vida, gastronómico e espirituoso.

Monsaraz, Reserva, *Tinto*

Ver destaque
na página 232

ALENTEJO SUL DE PORTUGAL

Monsaraz, Syrah		Tinto
5-10 €	CARMIM	
15%		2017	DOC Alentejo

Syrah. Cor granada intensa com nuance carmim. Tostados de cacau e especiaria, fruto vermelho e ameixa, notas de caruma, expressivo e rico. Texturas ainda rugosas de tanino jovem e generoso, prova muito longa e qualitativa. Gastronómico.

Monsaraz, Touriga-Nacional		Tinto
5-10 €	CARMIM	
14,5%		2017	DOC Alentejo

Touriga-Nacional. Cor granada intensa com nuance carmim. Tostados de cacau e especiaria, fruto vermelho e ameixa, notas de caruma, expressivo e rico. Texturas ainda rugosas de tanino jovem e generoso, prova muito longa e qualitativa. Gastronómico.

Monte da Capela, Premium		Tinto
5-10 €	Casa Clara	
14%		2017	DOC Alentejo

Touriga-Nacional e Syrah. Cor granada intensa com nuance carmim. Fumados de tosta tecno, café com fruto vermelho e especiaria, esteva presente. Corpo médio. Tanino vivo com polimento perfeito, grato alongamento lavante e gastronómico.

Monte da Capela, Reserva		Tinto
5-10 €	Casa Clara	
14,5%		2018	DOC Alentejo

Alfrocheiro, Aragonez e Syrah. Cor granada média com nuance carmim. Bacon entre mentolados e eucalipto de boa tosta, café com fruto vermelho e especiaria, esteva presente. Tanino vivo com polimento perfeito, grato alongamento lavante e gastronómico.

Monte da Capela, Touriga-Nacional, Premium		Tinto
5-10 €	Casa Clara	
14%		2018	DOC Alentejo

Touriga-Nacional. Cor granada média com nuance carmim. Frutado, com domínio de framboesa, tostados de especiaria e cacau. Boca alongada, com tanino polido. Consensual.

Monte da Contenda, Superior	Tinto
5-10 € Encostas de Alqueva	

14% 2017 | Regional Alentejano

Aragonez, Trincadeira, Alicante Bouschet e Cabernet Sauvignon. Cor granada intensa. Fumados entre mentol e eucalipto de boa tosta, café com fruto vermelho e especiaria, esteva presente. Tanino vivo com polimento médio, grato alongamento lavante e gastronómico.

Monte da Ravasqueira, Clássico	Tinto
5-10 € Sociedade Agrícola D. Diniz	

13,5% 2019 | Regional Alentejano

Trincadeira, Aragonez, Syrah e Alicante Bouschet. Cor granada intensa com nuance carmim. Rebuçado de fruta, esteva e outros matos, especiaria em licor. Sucrosidade a cobrir tanino bravio, corpo alongado de boa mesa.

13,5% 2019 | Regional Alentejano

Touriga-Nacional, Aragonez, Syrah e Alicante Bouschet. Cor granada intensa com nuance carmim. Rebuçado de fruta, esteva e outros matos, especiaria em licor. Sucrosidade a cobrir tanino bravio, corpo alongado de boa mesa.

13,5% 2019 | Regional Alentejano

Syrah e Viognier. Cor granada intensa com nuance carmim. Rebuçado de fruta, esteva e outros matos, especiaria em licor. Sucrosidade a cobrir tanino bravio, corpo alongado de boa mesa.

Monte dos Amigos, Select	Tinto
5-10 € Casa Relvas	

13,5% 2018 | Regional Alentejano

Lote com Touriga-Nacional. Cor granada média. Alicorados de framboesa e cereja, tostados de fumo e especiaria. Tabaco e eucalipto. Boca elegante, com sucrosidade em plena cobertura de tanino jovem. Para mesas elaboradas.

ALENTEJO SUL DE PORTUGAL

Monte dos Pegos, Touriga-Nacional	Tinto
5-10 € Herdade da Mingorra	
14% 2018	Regional Alentejano	

Touriga-Nacional. Cor granada média com nuance carmim. Rebuçado de fruta, cacau e especiaria, tostado lácteo. Doçura a arredondar tanino jovem. Prova longa, carnuda, de boa mesa.

87 PTS

Monte dos Pegos	Tinto
2-5 € Herdade da Mingorra	
13,5% 2018	Regional Alentejano	

Aragonez, Trincadeira e Syrah. Cor granada média, com nuance carmim. Tostados de fumo, moca e especiaria, fruto vermelho em equilíbrio. Sucrosidade que equilibra a jovialidade de taninos. Vinho carnudo de boa mesa. Boa compra.

90 PTS

Monte dos Pegos, Vinhas Velhas	Tinto
5-10 € Herdade da Mingorra	
14% 2018	Regional Alentejano	

Touriga-Nacional, Syrah e Alicante Bouschet. Cor granada média com nuance carmim. Rebuçado de fruta, cacau e especiaria, tostado lácteo. Doçura a arredondar tanino jovem. Prova longa, carnuda, de boa mesa.

87 PTS

Pátria	Tinto
5-10 € CARMIM	
14,5% 2018	DOC Alentejo	

Trincadeira e Aragonez. Cor granada intensa com nuance carmim. Fumados de boa tosta tecno, café com fruto vermelho e especiaria, esteva presente. Corpo médio. Tanino vivo com polimento perfeito, grato alongamento lavante e gastronómico.

90 PTS

Pêra Doce, Reserva	Tinto
5-10 € Parras Wines	
13,5% 2017	Regional Alentejano	

Trincadeira, Aragonez e Syrah. Cor granada intensa com nuance carmim. Tostados de fumo e especiaria, ameixa e fruto vermelho maduro, muito mentolado e seivoso. Tanino viçoso e lavante, em pleno polimento, corpo elegante, sucroso, de longa revelação.

90 PTS

SUL DE PORTUGAL **ALENTEJO**

Pêra Doce, Signature, *Tinto*

Ver destaque
na página 233

Piteira	Tinto
5-10 €	Amareleza Vinhos

14%   2018 | DOC Alentejo

Trincadeira, Alicante Bouschet e Moreto. Cor granada média. Fruto vermelho com tostados de moca e cacau, nota de esteva e flor. Sucrosidade e elegância num vinho de tanino firme e gastronómico.

Piteira, Premium	Tinto
5-10 €	Amareleza Vinhos

14%   2018 | DOC Alentejo

Aragonez, Trincadeira, Alfrocheiro e Alicante Bouschet. Cor granada intensa, com nuance carmim. Tostados de fumo, moca e especiaria, fruto vermelho secundário. Sucrosidade que equilibra a jovialidade de taninos. Vinho desenhado para a mesa.

Piteira, Reserva	Tinto
5-10 €	Amareleza Vinhos

14%   2018 | DOC Alentejo

Trincadeira, Aragonez, Alicante Bouschet, Moreto e Alfrocheiro. Cor granada intensa, com nuance carmim. Tostados de fumo, moca e especiaria, fruto vermelho secundário. Sucrosidade que equilibra a jovialidade de taninos. Vinho desenhado para a mesa.

Poliphonia, Reserva, *Tinto*

Ver destaque
na página 234

269

ALENTEJO SUL DE PORTUGAL

Porta da Ravessa	Tinto
2-5 € Adega Cooperativa de Redondo	

13,5%   2019 | DOC Alentejo

87 PTS

Trincadeira, Aragonez e Castelão. Cor granada intensa, com nuance carmim. Frutado maduro, com destaque de framboesa, leve nota de rebuçado. Cheio, tanino jovem com poder lavante. Agradável com ou sem comida.

Porta da Ravessa, Colheita Especial	Tinto
2-5 € Adega Cooperativa de Redondo	

13,5%   2019 | DOC Alentejo

87 PTS

Trincadeira, Aragonez e Alicante Bouschet. Cor granada retinta, com nuance carmim. Frutado maduro, com destaque de morango, leve nota de rebuçado. Cheio, tanino jovem com poder lavante. Agradável com ou sem comida.

Porta da Ravessa, Reserva	Tinto
5-10 € Adega Cooperativa de Redondo	

14%   2018 | Regional Alentejano

90 PTS

Touriga-Nacional, Syrah e Alicante Bouschet. Cor granada intensa com nuance carmim. Alicorados de bagos e ameixa, excelente nota tostada de especiaria e cacau, frescura de flor e caruma. Elegante e natural, tanino por educar mas de fina seleção. Gastronómico.

Portal de S. Braz, Private Collection	Tinto
2-5 € Encostas de Alqueva	

13,5%   2018 | Regional Alentejano

90 PTS

Moreto, Alfrocheiro e Trincadeira. Cor granada média, com nuance carmim. Fruto vermelho com tostados de moca e cacau, nota de esteva e flor. Sucrosidade que equilibra a jovialidade de taninos. Gastronómico e de boa guarda. Boa compra.

Pouca Roupa	Tinto
2-5 € J. Portugal Ramos	

14%   2019 | Regional Alentejano

87 PTS

Alicante Bouschet, Touriga-Nacional e Alfrocheiro. Cor granada média, com nuance carmim. Fruta vermelha madura e em rebuçado, sucrosidade em equilíbrio com os taninos jovens e maduros, com vida que a mesa agradece.

SUL DE PORTUGAL **ALENTEJO**

Primitivo		Tinto
10-15 €	CARMIM	

16% 2018 | DOC Alentejo

Alicante Bouschet, Trincadeira, Aragonez e Castelão. Cor granada retinta com nuance violácea. Frutado maduro, leve compota de bagos, nota mentolada e de esteva refrescantes. Mentol de tosta peitoral. Tanino em pleno polimento. Corpo cheio e alongado, vinho espirituoso.

Quid Pro Quo, Reserva, *Tinto*

Ver destaque
na página 235

Quinta da Fonte Souto		Tinto
10-15 €	Symington Family Estates	

14% 2017 | DOC Alentejo

Lote com Alicante Bouschet. Cor granada intensa com nuance carmim. Tostados de fumo e especiaria, ameixa e fruto vermelho maduro, muito mentolado e seivoso. Grata sucrosidade a cobrir tanino viçoso. Longo e gastronómico.

Ravasqueira, Reserva da Família, *Tinto*

Ver destaque
na página 236

Real Lavrador		Tinto
2-5 €	Adega Cooperativa de Redondo	

13,5% 2019 | Regional Alentejano

Trincadeira, Aragonez e Castelão. Cor granada intensa, com nuance carmim. Frutado maduro, com destaque de framboesa, leve nota de rebuçado. Cheio, tanino jovem com poder lavante. Agradável com ou sem comida.

ALENTEJO SUL DE PORTUGAL

Reguengos		Tinto
2-5 €	CARMIM	

14,5%   2018 | DOC Alentejo

Trincadeira, Aragonez e Castelão. Cor granada intensa, com nuance carmim. Fruta vermelha e negra, notas vegetais e de pinhal, aroma guloso e fresco. Vinho de texturas rugosas, taninos maduros com vida, gastronómico e espirituoso.

Reguengos, Reserva, *Tinto*

Ver destaque na página 237

Santa Vitória, Seleção		Tinto
2-5 €	Casa de Santa Vitória	

14%   2018 | Regional Alentejano

Aragonez e Touriga-Nacional. Cor granada intensa, com nuance carmim. Fruto vermelho com cacau e outros, especiaria de boa tosta. Violeta presente. Boca cheia, tanino salivante bem equilibrado por grata sucrosidade. Gastronómico. Boa compra.

Segredos de São Miguel, Reserva		Tinto
5-10 €	Casa Relvas	

14%   2018 | Regional Alentejano

Lote com Aragonez. Cor granada intensa. Fumados de tosta tecno, café com fruto vermelho e especiaria, esteva presente. Tanino vivo com polimento médio, final agridoce.

Segredos de São Miguel, Syrah		Tinto
5-10 €	Casa Relvas	

14,5%   2018 | Regional Alentejano

Syrah. Cor granada intensa. Fumados de tosta tecno, café com fruto vermelho e especiaria, esteva presente. Tanino vivo com polimento médio, final agridoce.

SUL DE PORTUGAL **ALENTEJO**

Segredos de São Miguel, Touriga-Nacional	Tinto
5-10 € Casa Relvas	

14,5% 2018 | Regional Alentejano

Touriga-Nacional. Cor granada intensa. Cacau, framboesa e cereja, tostados de fumo e especiaria. Tabaco e eucalipto. Boca média com sucrosidade em plena cobertura de tanino jovem.

Sericaia	Tinto
5-10 € Lusovini Ares Alentejanos	

14% 2017 | Regional Alentejano

Aragonez, Alicante Bouschet e Trincadeira. Cor granada intensa. Bacon entre mentolados e eucalipto de boa tosta, licores de fruto vermelho e especiaria, esteva presente. Tanino vivo com polimento médio, grato alongamento lavante e gastronómico.

Sexy	Tinto
5-10 € Maçanita Vinhos	

14,5% 2018 | Regional Alentejano

Touriga-Nacional, Aragonez, Cabernet Sauvingon e Syrah. Cor granada média com nuance carmim. Rebuçado de fruta, cacau e especiaria, tostado lácteo. Doçura a arredondar tanino jovem. Prova longa, sucrosa, de boa mesa.

Sovibor, Borba	Tinto
2-5 € Sotavinhos (SOVIBOR)	

13,5% 2017 | Regional Alentejano

Trincadeira, Aragonez e Alicante Bouschet. Cor granada média. Fruta vermelha e ameixa maduras, leves alicorados com esteva e outras ervas. Médio no corpo e no polimento de taninos. Final sucroso.

Sovibor, Borba, Superior	Tinto
5-10 € Sotavinhos (SOVIBOR)	

14% 2016 | DOC Alentejo

Alicante Bouschet, Aragonez, Syrah e Trincadeira. Cor granada intensa. Tostados de fumo e especiaria, ameixa e bagos alicorados, mentol e esteva peitorais. Elegante, longo, tanino em boa educação polida. Gastronómico.

273

ALENTEJO SUL DE PORTUGAL

Talha Real, Premium, *Tinto*

Ver destaque
na página 238

Tapada das Lebres, Premium	Tinto
10-15 €	Herdade das Mouras de Arraiolos
14%	2019	Regional Alentejano

Syrah, Aragonez, Alicante Bouschet e Cabernet Sauvignon. Cor granada intensa com nuance carmim. Tostados doces e especiados, frescos de cacau, framboesa e outros bagos. Grata sucrosidade a cobrir tanino viçoso. De boa mesa.

Tenor, Colheita	Tinto
2-5 €	IVIN
13%	2019	Regional Alentejano

Trincadeira, Aragonez e Alicante Bouschet. Cor granada média, com nuance carmim. Fruto vermelho vivo, com destaque de framboesa, limpo e simples. Sucrosidade grata no desenho de tanino jovem por educar. Melhor na mesa.

Tenor, Reserva	Tinto
2-5 €	IVIN
13,5%	2018	Regional Alentejano

Syrah, Aragonez e Trincadeira. Cor granada intensa, com nuance carmim. Café, moca e cravinho como notas de tosta. Fruto vermelho presente. Nota refrescante de seiva. Taninos bem desenhados em equilíbrio com a sucrosidade. Vinho longo, de boa mesa.

Terra Lenta, Premium	Tinto
10-15 €	CARMIM
14,5%	2018	DOC Alentejo

Trincadeira, Aragonez e Alicante Bouschet. Cor granada intensa com nuance carmim. Tostados doces e especiados, frescos de cacau, framboesa e outros bagos. Grata sucrosidade a cobrir tanino viçoso. De boa mesa.

SUL DE PORTUGAL **ALENTEJO**

Valcatrina	Tinto
2-5 € Casa Santos Lima	

14,5% 2019 | Regional Alentejano

Touriga-Nacional, Syrah e Alicante Bouschet. Cor granada retinta, com nuance carmim. Fruta vermelha e negra, com bacon e couro de complexidade. Doçura a amainar o poder rugoso de taninos. Vinho para desfrutar com comida.

86 PTS

Vale das Mouras, *Tinto*

Ver destaque
na página 239

Vale do Rico Homem, Superior	Tinto
5-10 € Monte dos Perdigões	

14,5% 2018 | Regional Alentejano

Trincadeira, Alicante Bouschet e Cabernet Sauvignon. Cor granada intensa com nuance carmim. Mentolados e eucalipto de boa tosta, cacau com fruto vermelho e especiaria, caruma presente. Tanino vivo com polimento médio, grato alongamento lavante e gastronómico.

90 PTS

Versátil	Tinto
2-5 € Casa de Santa Vitória	

14% 2018 | Regional Alentejano

Touriga-Nacional, Tinta-Caiada, Aragonez e Trincadeira. Cor granada média, com nuance carmim. Alicorado de fruto vermelho, notas herbais de hortelã. Elegante, fresco, salivante. De boa mesa.

88 PTS

Vidigueira	Tinto
2-5 € Adega Cooperativa de Vidigueira, Cuba e Alvito	

14,5% 2018 | DOC Alentejo

Trincadeira, Aragonez e Alicante Bouschet. Cor granada intensa, com nuance carmim. Fruta vermelha madura e em rebuçado, nota tostada peitoral, sucrosidade em equilíbrio com os taninos jovens e maduros, com vida que a mesa agradece.

88 PTS

ALENTEJO SUL DE PORTUGAL

Vidigueira, Alicante Bouschet	Tinto
5-10 €	Adega Cooperativa de Vidigueira, Cuba e Alvito
14,5%	2018	DOC Alentejo

Alicante Bouschet. Cor granada intensa com nuance carmim. Tostados de fumo e especiaria, ameixa e fruto vermelho maduro, muito mentolado e seivoso. Grata sucrosidade a cobrir tanino viçoso. De boa mesa.

Vidigueira, Premium	Tinto
5-10 €	Adega Cooperativa de Vidigueira, Cuba e Alvito
14,5%	2019	DOC Alentejo

Trincadeira, Syrah e Alicante Bouschet. Cor granada intensa com nuance carmim. Atourigado, tostados de especiaria doce com frambesa, aroma de caruma e violeta. Elegante, frescura lavante bem desenhada, tanino longo e viçoso. Gastronómico.

Vidigueira, Signature	Tinto
10-15 €	Adega Cooperativa de Vidigueira, Cuba e Alvito
14,5%	2018	DOC Alentejo

Syrah e Alicante Bouschet. Cor granada intensa com nuance carmim. Frutado de bagos e ameixa, excelente nota tostada de especiaria e cacau, frescura de mentol. Sucrosidade a cobrir tanino viçoso e a arredondar final de prova.

Vinha das Mouras de Arraiolos, Reserva	Tinto
5-10 €	Herdade das Mouras de Arraiolos
14%	2018	Regional Alentejano

Trincadera, Syrah e Alicante Bouschet. Cor granada intensa com nuance carmim. Cacau e café com fruto vermelho e especiaria, caruma presente. Tanino vivo com polimento médio, grato alongamento lavante e gastronómico.

Vinhas do Ocidente, Reserva	Tinto
5-10 €	Casa Relvas
13,5%	2017	Regional Alentejano

Lote com Alicante Bouschet. Cor granada intensa. Cacau, framboesa e cereja, tostados de fumo e especiaria. Tabaco e eucalipto. Boca elegante com sucrosidade em plena cobertura de tanino jovem bem domado.

SUL DE PORTUGAL **ALENTEJO**

Nesta região, os produtores que incluíram três ou mais vinhos entre as melhores provas são:

- Adega Cooperativa de Borba
- Adega Cooperativa de Redondo
- Adega Cooperativa de Vidigueira, Cuba e Alvito
- Adega Mayor
- Amareleza Vinhos
- CARMIM
- Casa Clara
- Casa de Santa Vitória
- Casa Relvas
- Casa Santos Lima
- Encostas de Alqueva
- Fundação Eugénio de Almeida
- Herdade da Mingorra
- Herdade das Mouras de Arraiolos
- IVIN
- J. Portugal Ramos
- Júlio Bastos
- Monte dos Perdigões
- Parras Wines
- Quinta da Plansel
- Rocim
- Sociedade Agrícola da Encosta do Guadiana
- Sotavinhos (SOVIBOR)
- Symington Family Estates

ALGARVE

A região do Algarve possui uma ligação inegável à vinha e ao vinho. São vários os registos históricos que confirmam a presença da viticultura na região intimamente ligada ao desenvolvimento das civilizações na zona do Mediterrâneo. Ao longo dos anos, o vinho marcou a vida das populações, tanto nas vinhas quanto na produção ou no consumo de vinho. Refira-se a importância das Adegas Cooperativas do Algarve, que lentamente foram desaparecendo. No entanto, ainda subsiste a Adega Cooperativa do Algarve, a terceira adega cooperativa mais antiga do país.

No final do século passado, assistiu-se gradualmente à substituição das vinhas por empreendimentos turísticos, com o declínio da produção de vinhos no Algarve. Este cenário manteve-se até ao início do século XXI, altura em que se registou um novo impulso, com a implementação de produtores privados na Região. Apostou-se na reconversão das vinhas e assistiu-se ao desenvolvimento de uma nova consciência sobre a necessidade de um maior controlo ao longo do processo produtivo que se traduziu em vinhos de excelente qualidade.

São inúmeros os prémios em concursos nacionais e internacionais atribuídos aos Vinhos do Algarve, o que traduz o reconhecimento da qualidade dos vinhos e do trabalho realizado pelos produtores e demais agentes do sector. A Comissão Vitivinícola do Algarve desempenha um papel preponderante na garantia da genuinidade e qualidade dos vinhos da região, tendo como função primordial a certificação e controlo, sendo entidade acreditada desde 2012.

Os Vinhos do Algarve apresentam características únicas e elementos diferenciadores, relacionados, por um lado, pelo *terroir* intimamente ligado à localização e diversidade dos solos, e, por outro lado, pelo acompanhamento constante do produtor, que procura conferir ao seu vinho um carácter distintivo, sendo por isso possível encontrar vinhos marcantes em toda a Região Vitivinícola do Algarve.

A Região Vitivinícola do Algarve registou nos últimos anos uma evolução bastante positiva, já que houve aumento do número de produtores, área de vinha e produção de vinhos. Verifica-se hoje um regresso às origens, buscando o mais tradicional do Algarve, tendo-se assistido a uma aposta forte nas castas Negra-Mole e Crato-Branco (Síria), de Vinhas Velhas, em linha com as novas tendências do consumidor que procura algo diferenciador e genuíno.

A focalização na qualidade em detrimento da quantidade deverá ser o caminho a seguir pela região uma vez que, dada a dimensão geográfica do Algarve, não nos será possível competir em escala. Tendo isto em conta, a aposta no mercado nacional, e mais especificamente, regional é deveras importante. A restauração e hotelaria do Algarve deverão apostar nos Vinhos do Algarve, para tornar a experiência gastronómica mais enriquecedora, aliando os excelentes vinhos da região à excelente gastronomia algarvia.

O Algarve respira turismo. As adegas e quintas do Algarve encontram-se cada vez mais preparadas para bem receber quem nos visita. A aplicação Algarve Wines surge como uma excelente ferramenta para quem saber mais sobre a oferta enoturística da região do Algarve

Sara Silva
Presidente da Direção
Comissão Vitivinícola do Algarve

EM DESTAQUE ★ TOP 100 ★ EM DESTAQUE ★ TOP 100 ★ EM DESTAQU

Euphoria
Adega do Convento do Paraíso
Branco

| 5-10 € | 2017 | Regional Algarve | 13,5% |

Arinto e Alvarinho. Cor citrina intensa. Fruta madura de caroço com tostados de especiaria doce, leves mentas refrescantes. Textura ampla, fresca, com grata sucrosidade. Muito longo, salivante e gastronómico.

Villa Alvor, Sauvignon Blanc
Aveleda
Branco

| 10-15 € | 2019 | Regional Algarve | 12% |

Sauvignon Blanc. Cor citrina clara. Espargos entre mentas, maracujá e nota floral. Sucrosidade a cobrir o forte poder lavante, notas salinas e ácidas de vocação gastronómica. Belo exemplar da casta.

EM DESTAQUE ★ TOP 100 ★ EM DESTAQUE ★ TOP 100 ★ EM DESTAQU

Lagoa, Premium
ÚNICA Adega Cooperativa do Algarve
Tinto

| 5-10 € | 2017 | DOC Lagoa | 14% |

Lote com Trincadeira. Cor granada intensa com nuance carmim. Aromas profundos, terrosos, tostados ricos e envolventes, de pimenta entre especiarias, ameixa e bagos firmes. Carnudo, alongado, sucroso, texturas de longa guarda e de mesa rica. Superior.

SUL DE PORTUGAL **ALGARVE**

Barrocal	Branco
2-5 €	Casa Santos Lima

13% 2019 | Regional Algarve

Lote com Arinto. Cor citrina média. Rebuçado de fruta, esteva e leve mel. Sucrosidade a cobrir desenho fresco e salino, de boa mesa.

86 PTS

Euphoria, *Branco*

92 PTS

Ver destaque na página 280

Villa Alvor	Branco
5-10 €	Aveleda

12% 2019 | Regional Algarve

Lote com Arinto. Cor citrina clara. Notas herbais e vegetais, maracujá com fruta cítrica. Doçura a cobrir desenho fresco e alongado, de boa mesa.

89 PTS

Villa Alvor, Sauvignon Blanc, *Branco*

91 PTS

Ver destaque na página 281

Al-Ria	Rosé
2-5 €	Casa Santos Lima

13% 2019 | Regional Algarve

Touriga-Nacional e Syrah. Cor framboesa intensa. Fruto vermelho simples. Boca de desenho fresco e adocicado. Para consumo imediato.

84 PTS

ALGARVE SUL DE PORTUGAL

Villa Alvor, Moscatel Galego		Rosé
10-15 €	Aveleda	
12%	2019	Regional Algarve

86 PTS

Moscatel-Galego-Roxo. Cor pêssego clara. Nariz tímido de rosa e líchia, com fruto vermelho. Frescura atrevida, salivante, de boa mesa.

Villa Alvor		Rosé
5-10 €	Aveleda	
12%	2019	Regional Algarve

89 PTS

Lote com Syrah, Aragonez & Trincadeira. Cor framboesa média. Fruto vermelho vivo, especiaria e leve tosta. Boca ampla, sucrosa, de boa mesa.

Al-Ria		Tinto
2-5 €	Casa Santos Lima	
14,5%	2019	Regional Algarve

88 PTS

Lote com Syrah & Touriga-Nacional. Cor granada média com nuance carmim. Ameixa e fruto vermelho maduro, tostados bem desenhados, com especiaria. Nota sucrosa a arredondar tanino jovem e de forte poder lavante e gastronómico.

Barrocal		Tinto
2-5 €	Casa Santos Lima	
14%	2019	Regional Algarve

87 PTS

Lote com Touriga-Nacional & Syrah. Cor granada média com nuance carmim. Fruto vermelho maduro, tostados leves e bem desenhados, especiaria presente. Doçura a arredondar tanino jovem e textura de dimensão média. Comercial.

Euphoria		Tinto
5-10 €	Adega do Convento do Paraíso	
14%	2017	Regional Algarve

90 PTS

Lote com Touriga-Nacional. Cor granada intensa. Licor de bagas e especiaria, bons tostados, alfarroba e flores. Sucrosidade em boca elegante, de taninos domados. Final viçoso e salivante.

SUL DE PORTUGAL **ALGARVE**

Lagoa, Premium, *Tinto*

Ver destaque
na página 282

Porches	Tinto
2-5 €	ÚNICA Adega Cooperativa do Algarve

13,5%   2018 | Regional Algarve

Lote com Aragonez. Cor granada média com nuance carmim. Tostados fáceis a dominarem o aroma. Fruta madura secundária. Tanino de madeira a marcar o alongamento deste vinho tecnológico de corpo médio.

Rabo de Galo	Tinto
2-5 €	Casa Santos Lima

14,5%   2019 | Regional Algarve

Lote com Syrah. Cor granada média com nuance carmim. Ameixa e fruto vermelho maduro, tostados bem desenhados, com especiaria. Nota sucrosa a arredondar tanino jovem e de forte poder lavante e gastronómico.

Talabira do Algarve, Premium	Tinto
5-10 €	Casa Santos Lima

14%   2019 | Regional Algarve

Lote com Syrah. Cor granada retinta com nuance carmim. Fruto vermelho maduro, nota de banana antes de sensação tostada e especiada. Tanino rugoso com leve cobertura doce. Ganha com a companhia de comida.

Villa Alvor	Tinto
5-10 €	Aveleda

14%   2019 | Regional Algarve

Lote com Syrah. Cor granada média com nuance carmim. Ameixa e bagos vermelhos, levemente alicorados, especiaria presente. Textura elegante, alongada, tanino com vida, de boa mesa.

ALGARVE SUL DE PORTUGAL

Villa Alvor, Alicante Bouschet	Tinto
10-15 € Aveleda	
14,5%	2018	Regional Algarve

89 PTS

Alicante-Bouschet. Cor granada retinta com nuance carmim. Ameixa e cereja, também frutos vermelhos, tostados presentes com especiaria e dimensão mentolada. Boca fresca, de tanino jovem e viçoso, conjunto por amaciar em garrafa.

Nesta região, os produtores que incluíram três ou mais vinhos entre as melhores provas são:

- Aveleda
- Casa Santos Lima

BAG-IN-BOX

BAG-IN-BOX

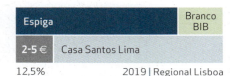

Espiga	Branco BIB
2-5 € Casa Santos Lima	
12,5%	2019 | Regional Lisboa

Lote com Fernão-Pires. Cor citrina clara. Nota floral e tropical de casta aromática, boa fruta fresca e menta. Elegante, longo e glacial. Gastronómico.

Montemor	Branco BIB
5-10 € Quinta da Plansel	
13%	2019 | Regional Alentejano

Arinto, Alvarinho e Gouveio. Cor palha média. Floral, seivoso, fruto tropical e frescura de limonados. Médio nas texturas, persistência sem desmaio, frescura atrevida de boa mesa.

Montemor	Tinto BIB
5-10 € Quinta da Plansel	
14%	2019 | Regional Alentejano

Aragonez, Trincadeira e Touriga-Franca. Cor granada média com nuance carmim. Leve nota de fósforo antes da fruta limpa e viva, sobretudo morango. Tanino presente e ativo, corpo médio natural.

Real Lavrador	Tinto BIB
5-10 € Adega Cooperativa de Redondo	
12,5%	2019 | Regional Alentejano

Trincadeira, Aragonez e Castelão. Cor granada intensa com nuance carmim. Leve nota de fósforo antes da fruta limpa e viva, sobretudo morango. Tanino presente e ativo, corpo médio natural.

Vale do Rico Homem	Tinto BIB
5-10 € Monte dos Perdigões	
13%	2018 | Regional Alentejano

Aragonez e Trincadeira. Cor granada intensa com nuance carmim. Compotado na fruta, fresco na seiva e na esteva. Tanino suavizada por leve diluição, espírito fogoso e persistente.

VINHOS FORTIFICADOS

EM DESTAQUE ★ TOP 100 ★ EM DESTAQUE ★ TOP 100 ★ EM DESTAQUE

Cockburn's, LBV (Late Bottled Vintage)
Symington Family Estates
Ruby

| 10-15 € | 2014 \| DOC Porto | 20% |

Lote com Touriga-Franca. Cor granada retinta com nuance violácea. Violeta entre carumas e peitorais muito gratos. Bagos em licor, notas de elixir com matos e ervas, cacau e pimentas presentes. Concentrado, longo, salivante, final digesto e equilibrado.

EM DESTAQUE ★ TOP 100 ★ EM DESTAQUE ★ TOP 100 ★ EM DESTAQUE

Dow's, LBV (Late Bottled Vintage)
Symington Family Estates
Ruby

| 10-15 € | 2012 | DOC Porto | 20% |

Lote com Touriga-Franca. Cor granada retinta com nuance carmim. Bagos em licor, notas de elixir com matos e ervas, cacau e pimentas presentes. Concentrado, longo, salivante, final digesto e equilibrado.

VINHOS FORTIFICADOS

Adega de Favaios, Moscatel do Douro		Branco
5-10 €	Adega Cooperativa de Favaios	
19,5%	n.d.	DOC Moscatel do Douro	

81 PTS

Moscatel-Galego. Água média de topázio. Nota floral e de líchia, também leve vegetal antes da base caramelizada. Boca com boa densidade e alongamento, algo rústica no tato. Selecionado em edições anteriores.

Adega de Favaios, Reserva, Moscatel do Douro		Branco
5-10 €	Adega Cooperativa de Favaios	
19,5%	2007	DOC Moscatel do Douro	

87 PTS

Moscatel-Galego. Topázio aberto. Elixir medicinal, banana e manga em passa, caramelizados e madeira fresca. Sucroso, texturas ricas, alongadas, para sobremesas de ovos e fruta tropical. Selecionado em edições anteriores.

Adega de Palmela, 10 Anos, Moscatel de Setúbal		Branco
5-10 €	Adega Cooperativa de Palmela	
19%	10 anos	DOC Setúbal	

86 PTS

Moscatel de Setúbal. Cor ambarina média. Vinagrinho. Casca de citrino compotada. Rosa, líchia, caramelizados intensos, notas de alcaçuz e aniz. Rico. Cremoso, frescura e doçura em equilíbrio, texturas salivantes e alongadas.

Adega de Palmela, Moscatel de Setúbal		Branco
2-5 €	Adega Cooperativa de Palmela	
17%	2016	DOC Setúbal	

85 PTS

Moscatel de Setúbal. Cor ambarina média. Casca de citrino compotada. Leve nota de feno, rosa e líchia. Caramelizados entre notas de anis. Cremoso, frescura e doçura em equilíbrio, texturas jovens e alongadas.

Adega de Pegões, Moscatel de Setúbal		Branco
2-5 €	Cooperativa Agrícola Santo Isidro de Pegões	
17,5%	n.d.	DOC Setúbal	

83 PTS

Moscatel de Setúbal. Cor ambarina média. Casca de citrino compotada. Leve nota de feno, rosa e líchia. Caramelizados mais intensos e doce de ovo. Cremoso, frescura e doçura em equilíbrio, texturas jovens e alongadas.

VINHOS FORTIFICADOS

Alambre, Moscatel de Setúbal	Branco
5-10 €	José Maria da Fonseca Vinhos

17,5%   2013 | DOC Setúbal

Moscatel de Setúbal. Cor ambarina média. Vinagrinho. Casca de citrino compotada. Rosa, líchia, caramelizados, notas de alcaçuz e anis. Rico. Cremoso, frescura e doçura em equilíbrio, texturas salivantes e alongadas. Selecionado em edições anteriores.

86 PTS

Barão de Vilar, Moscatel do Douro	Branco
2-5 €	Barão de Vilar, Vinhos SA

17%   n.d. | DOC Moscatel do Douro

Moscatel-Galego. Água de topázio com leve nota esverdeada. Madeiras exóticas, caramelo e especiaria intensa, licores herbais sobre manga e líchia. Cremoso, alongado. Conversador. Compra segura. Selecionado em edições anteriores.

87 PTS

Barros, White	Branco
5-10 €	Sogevinus Fine Wines

19%   n.d. | DOC Porto

Lote com Malvasia-Fina. Cor dourada média. Nota de vegetais secos antes de caramelo, açafrão e esteva. Maçã entre frutos de pomar. Doçura muito bem equilbrada em corpo elegante. Premiado com Medalha de Prata no Concurso Uva de Ouro 2019. Selecionado em edições anteriores.

89 PTS

Borges, White	Branco
5-10 €	Sociedade dos Vinhos Borges

19,5%   n.d. | DOC Porto

Lote com Malvasia-Fina. Cor amarela média, levemente dourada. Nota iodada, salina, entre leve caramelo e maçã. Boca correta, densa, muito bem concluída.

84 PTS

Burmester, White	Branco
5-10 €	Sogevinus

19,5%   n.d. | DOC Porto

Lote com Malvasia-Fina. Cor dourada média. Nota de vegetais secos antes de caramelo. Maçã entre frutos de pomar. Simples. Doçura muito bem equilibrada em corpo elegante.

83 PTS

VINHOS FORTIFICADOS

Cálem, Velhotes, Lágrima, Branco	Branco
5-10 € Sogevinus Fine Wines	
19,5%	n.d.	DOC Porto

84 PTS

Lote com Malvasia-Fina. Cor ambarina de baixa intensidade. Madeira fresca, doce de ovo com canela, licor herbal, pêssego. Volumoso, denso e doce, espirituoso. Selecionado em edições anteriores.

Cálem, Velhotes, White	Branco
5-10 € Sogevinus Fine Wines	
19,5%	n.d.	DOC Porto

86 PTS

Lote com Malvasia-Fina. Cor palha intensa com nuance dourada. Fruto de pomar e de caroço, leve pastelaria e especiaria doces, notas herbais de elixir. Fresco, doçura contida e compensadora de leve nota de amargor.

Camolas, Moscatel de Setúbal	Branco
5-10 € Camolas e Matos	
17,5%	2016	DOC Setúbal

83 PTS

Moscatel de Setúbal. Cor ambarina média. Casca de citrino compotada. Leve nota de feno, rosa e líchia. Caramelizados mais intensos e doce de ovo. Cremoso, frescura e doçura em equilíbrio, texturas jovens e alongadas. Selecionado em edições anteriores.

Casa Ermelinda Freitas, Moscatel de Setúbal	Branco
5-10 € Casa Ermelinda Freitas	
17,5%	n.d.	DOC Setúbal

83 PTS

Moscatel de Setúbal. Cor ambarina intensa. Casca de citrino compotada. Rosa, líchia, caramelizados, notas de alcaçuz e anis. Rico. Cremoso, frescura e doçura em equilíbrio, texturas jovens e alongadas. Selecionado em edições anteriores.

Ceremony, Lágrima, Branco	Branco
2-5 € Vallegre	
19,5%	n.d.	DOC Porto

82 PTS

Lote com Malvasia-Fina. Cor ambarina clara. Maçã e pera cozida e assada, caramelizados. Doçura liderante, bem alongado.

VINHOS FORTIFICADOS

Contemporal, Moscatel de Setúbal	Branco
2-5 €	Continente

19,5% n.d. | DOC Setúbal

Moscatel-Graúdo. Ambarino médio. Nota de feno seco antes de caramelo e licor de laranja. Alguma fruta tropical. Textura de fina rugosidade, ampla, final médio sem desmaios. Selecionado em edições anteriores.

81 PTS

Cruz, Lágrima, Branco	Branco
5-10 €	Gran Cruz

19% n.d. | DOC Porto

Lote com Malvasia-Fina. Cor ambarina de baixa intensidade. Madeira fresca, doce de ovo com canela, licor herbal, pêssego. Volumoso, denso e doce, espirituoso. Selecionado em edições anteriores.

85 PTS

Dow's, Fine White	Branco
5-10 €	Symington Family Estates

19,5% n.d. | DOC Porto

Lote com Rabigato. Amarelo palha médio. Salinidade, maçã, leve nota seivosa e de tosta com especiaria. Cremoso, acidez carregadora e muito grata. Final agridoce. Referência em Porto branco seco. Selecionado em edições anteriores.

90 PTS

Ferreira, Branco	Branco
5-10 €	Sogrape Vinhos

19,5% n.d. | DOC Porto

Lote com Malvasia-Fina. Cor ambarina de baixa intensidade. Madeira usada, fruta e ervas em licor, doce de ovo com canela. Alongado, salivante, salino. Selecionado em edições anteriores.

82 PTS

Florito, Moscatel do Douro	Branco
2-5 €	Adega de Vila Flor

17% n.d. | DOC Moscatel do Douro

Moscatel-Galego. Cor ambarina média. Casca e polpa de citrino, nota de rebuçado de funcho e mel, outros arbustos aromáticos, fruta tropical. Longo, vivo, sem desmaios, doçura bem equilibrada pela boa acidez. Selecionado em edições anteriores.

83 PTS

VINHOS FORTIFICADOS

Graham's, Extra Dry, White	Branco
5-10 € Symington Family Estates	

19,5% n.d. | DOC Porto

80 PTS Lote com Malvasia-Fina. Amarelo palha dourado. Pastelaria doce, notas iodadas, maçã. Seco, texturas gulosas e digestivas. Para queijos ou bebidas compostas. Selecionado em edições anteriores.

Graham's, Fine White	Branco
5-10 € Symington Family Estates	

19,5% n.d. | DOC Porto

80 PTS Lote com Malvasia-Fina. Ambarino aberto. Moscatel de líchia, casca cítrica e rosa. Texturas cremosas, frescura quase glacial. Bom para queijos e bebidas compostas. Selecionado em edições anteriores.

Martha's, Moscatel do Douro	Branco
5-10 € Martha's Wines	

19,5% n.d. | DOC Moscatel do Douro

86 PTS Moscatel-Galego. Água média de topázio. Nota floral e de líchia, Moscatel limpo em base caramelizada. Boca com elegante densidade e alongamento, suavidade no tato. Selecionado em edições anteriores.

Monge, White	Branco
2-5 € Adega Cooperativa de Favaios	

19,5% n.d. | DOC Porto

80 PTS Lote com Malvasia-Fina. Ambarino aberto a médio. Caramelizados, notas de Moscatel. Fruta tropical, pêssego, maçã. Redondo, fresco, texturas lavantes para queijos. Selecionado em edições anteriores.

Paciência, Quatro Estações, Moscatel, Reserva	Branco
5-10 € Casa Paciência	

17,5% 2018 | DOC doTejo

86 PTS Moscatel-Graúdo. Ambarino claro. Citrino em rebuçado de mel, erva doce em pastelaria, notas tropicais. Fresco, leve, doçura equilibrada.

VINHOS FORTIFICADOS

Pioneiro, Moscatel de Setúbal	Branco
2-5 €	Venâncio da Costa Lima

17% 2016 | DOC Setúbal

Moscatel de Setúbal. Cor ambarina média. Casca de citrino compotada. Leve nota de feno, rosa e líchia. Caramelizados mais intensos e doce de ovo. Cremoso, frescura e doçura em equilíbrio, texturas jovens e alongadas. Selecionado em edições anteriores.

Quinta da Alorna, Abafado 5 Years	Branco
5-10 €	Soc. Agrícola da Alorna

17,5% 5 anos | DOC DoTejo

Lote com Malvasia-Fina. Cor ambarina média. Fruto branco, muitas mentas, leve endro e caramelizados. Boca refrescante, muito persistente e com textura de firme intensidade. Qualitativo. Selecionado em edições anteriores.

Quinta do Infantado, White	Branco
5-10 €	Quinta do Infantado

19,5% n.d. | DOC Porto

Lote com Malvasia-Fina. Cor ambarina média. Fruto branco, muitas mentas, leve endro e caramelizados. Boca refrescante, muito persistente e com textura de firme intensidade. Qualitativo. Selecionado em edições anteriores.

Ramos Pinto, Lágrima	Branco
5-10 €	Adriano Ramos Pinto Vinhos

20% n.d. | DOC Porto

Lote com Rabigato. Cor dourada média. Nota de vegetais secos antes de caramelo, açafrão e esteva. Maçã entre frutos de pomar. Doçura muito bem equilibrada em corpo elegante. Selecionado em edições anteriores.

Real Companhia Velha, Malvasia, White	Branco
5-10 €	Real Companhia Velha

19,5% n.d. | DOC Porto

Lote com Malvasia-Fina. Ambarino aberto a médio. Caramelizados, notas de Moscatel. Fruta tropical. Redondo, fresco, texturas lavantes e concentradas. Para desfrutar com sobremesas ou em composições. Selecionado em edições anteriores.

VINHOS FORTIFICADOS

Real Companhia Velha, Moscatel do Douro	Branco
5-10 € Real Companhia Velha	

19,5%   n.d. | DOC Moscatel do Douro

83 PTS — Moscatel-Galego. Ambarino aberto. Moscatel de líchia, casca cítrica e rosa. Texturas elegantes, de bom poder lavante. Bom com sobremesas de fruta tropical e citrinos. Selecionado em edições anteriores.

Venâncio da Costa Lima, Moscatel de Setúbal	Branco
2-5 € Venâncio da Costa Lima	

17%   2015| DOC Setúbal

83 PTS — Moscatel de Setúbal. Cor ambarina média. Casca de citrino compotada. Leve nota de feno, rosa e líchia. Caramelizados mais intensos e doce de ovo. Cremoso, frescura e doçura em equilíbrio, texturas jovens e alongadas. Selecionado em edições anteriores.

Veritas, Moscatel de Setúbal	Branco
2-5 € Sivipa, Sociedade Vinícola de Palmela	

19,5%   2016| DOC Setúbal

81 PTS — Moscatel-Graúdo. Água clara ambarina. Padrão jovem na fruta cítrica, em notas florais e de seiva vegetal. Caramelizado leve. Boca elegante, fresca, digestiva. Selecionado em edições anteriores.

Vista Alegre, Moscatel do Douro	Branco
2-5 € Vallegre	

19,5%   n.d. | DOC Moscatel do Douro

81 PTS — Moscatel-Galego. Cor média ambarina. Caramelizados, casca cítrica, nota floral e tropical. Madeira exótica e nota aguardentada. Denso, leve rusticidade bem equilibrada com doçura grata. Selecionado em edições anteriores.

Cruz, Pink	Rosé
5-10 € Gran Cruz	

19%   n.d. | DOC Porto

86 PTS — Lote com Touriga-Franca. Água de granada de média intensidade. Fruto vermelho, nota caramelizada gulosa. Corpo médio, doçura bem desenhada. Selecionado em edições anteriores.

VINHOS FORTIFICADOS

Dalva, Rosé	Rosé
5-10 € C. da Silva Gran Cruz	
19,5%	n.d.	DOC Porto

Lote com Touriga-Franca. Cor aguada de granada. Frutos vermelhos, boa agregação da aguardente, leve caramelizado. Boca doce, densidade média. Jovem, bom para composições. Selecionado em edições anteriores.

82 PTS

Offley Rosé	Rosé
5-10 € Sogrape Vinhos	
19,5%	n.d.	DOC Porto

Lote com Touriga-Franca. Água de granada de média intensidade. Fruto vermelho, leve nota oxidativa. Corpo médio, doçura bem desenhada. Selecionado em edições anteriores.

84 PTS

Barros, Ruby	Ruby
5-10 € Sogevinus	
19%	n.d.	DOC Porto

Lote com Touriga-Franca. Cor granada média. Peitoral, seivoso fresco sobre ameixa e cereja. Cacau nas especiarias. Encorpado e mastigável, alongado, salivante. Selecionado em edições anteriores.

88 PTS

Borges, Ruby	Ruby
5-10 € Sociedade dos Vinhos Borges	
19,5%	n.d.	DOC Porto

Lote com Touriga-Franca. Cor média de granada. Fruto silvestre alicorado, madeira leve, ameixa madura, cacau. Boa estrutura, lembra um LBV. Selecionado em edições anteriores.

85 PTS

Burmester, Ruby	Ruby
5-10 € Sogevinus Fine Wines	
19,5%	n.d.	DOC Porto

Lote com Touriga-Franca. Cor granada média. Peitoral, seivoso fresco sobre ameixa e cereja. Cacau nas especiarias. Elegante, alongado, salivante. Selecionado em edições anteriores.

85 PTS

VINHOS FORTIFICADOS

Cálem, Velhotes, Ruby	Ruby
5-10 € Sogevinus Fine Wines	
19,5%	n.d. | DOC Porto

85 PTS — Lote com Touriga-Franca. Cor granada média. Peitoral, seivoso fresco sobre ameixa e cereja. Cacau nas especiarias. Elegante, alongado, salivante. Selecionado em edições anteriores.

Ceremony, Lágrima, Tinto	Ruby
2-5 € Vallegre	
19,5%	n.d. | DOC Porto

81 PTS — Lote com Touriga-Franca. Cor média a aberta de topázio. Frutos secos, maçã caramelizada. Doçura cativante e alongada. Selecionado em edições anteriores.

Cockburn's, LBV (Late Bottled Vintage), *Ruby*

Ver destaque na página 290

93 PTS

Cockburn's, Special Reserve	Ruby
10-15 € Symington Family Estates	
20%	n.d. | DOC Porto

90 PTS — Lote com Touriga-Franca. Cor granada intensa. Aromas peitorais de caruma e outros mentolados, bagos em licor, cacau e outras especiarias. Elegante, longo com doçura a amainar taninos por polir, de longa educação em garrafa.

Contemporal, Ruby	Ruby
2-5 € Continente Quinta and Vineyard Bottlers	
19,5%	n.d. | DOC Porto

84 PTS — Lote com Touriga-Franca. Granada médio. Ameixa passa, mentolados, cacau e frutos silvestres. Mastigável, longo, conversador. Gastronómico. Boa compra. Selecionado em edições anteriores.

VINHOS FORTIFICADOS

Dow's, Fine Ruby	Ruby
5-10 €	Symington Family Estates

19,5% n.d. | DOC Porto

Lote com Touriga-Franca. Cor intensa granada com nuance carmim. Achocolatado, com fruto silvestre, leve casca cítrica, muito duriense. Alongado, tato lavante, com excelente acerto agridoce. Selecionado em edições anteriores.

 85

Dow's, LBV (Late Bottled Vintage), *Ruby*

 92 PTS

Ver destaque na página 291

Dow's, Trademark, Finest Reserve	Ruby
10-15 €	Symington Family Estates

20% n.d. | DOC Porto

Lote com Touriga-Franca. Cor granada intensa. Elixires herbais, nota seivosa, aromas peitorais de mentol e caruma. Cacau e especiarias presentes. Longo, doçura inicial que se torna muito grata no arredondamento de taninos austeros. De boa guarda.

 89 PTS

Ferreira, Ruby	Ruby
5-10 €	Sogrape Vinhos

19,5% n.d. | DOC Porto

Lote com Touriga-Franca. Granada média e carmim. Confituras de ginja, casca cítrica e ameixa. Nota alicorada. Doçura correta, frescura atrevida. Melhor na sobremesa. Selecionado em edições anteriores.

 81 PTS

Graham's, Fine Ruby	Ruby
5-10 €	Symington Family Estates

19,5% n.d. | DOC Porto

Lote com Touriga-Franca. Granada média. Ameixa passa, mentolados, cacau e frutos silvestres. Mastigável, longo, conversador. Gastronómico. Boa compra. Selecionado em edições anteriores.

 84 PTS

VINHOS FORTIFICADOS

Kopke, Fine Ruby	Ruby
5-10 € Sogevinus Fine Wines	
19,5%	n.d.	DOC Porto

87 PTS

Lote com Touriga-Franca. Cor granada intensa com nuance carmim. Vinosidade antes dos bagos negros e de notas peitorais de caruma e mentol. Taninos ainda por polir, amainados por desenho doce equilibrado. De boa mesa.

Offley, Ruby	Ruby
5-10 € Sogrape Vinhos	
19,5%	n.d.	DOC Porto

86 PTS

Lote com Touriga-Franca. Granada intenso e carmim. Frutos silvestres em gelado de baunilha, mentolados, cacau. Mastigável, arqueado, seleto. Para sobremesas rijas e queijos fortes. Selecionado em edições anteriores.

Quinta do Infantado, Reserva Especial	Ruby
5-10 € Quinta do Infantado	
19,5%	n.d.	DOC Porto

85 PTS

Lote com Touriga-Franca. Retinto e violáceo. Fruta madura, cacau e aromas de esteva e pinhal. Boca sucrosa, muito conversadora. Qualitativo. Selecionado em edições anteriores.

Quinta do Infantado, Reserva Ruby, Bio	Ruby
5-10 € Quinta do Infantado	
19,5%	n.d.	DOC Porto

90 PTS

Lote com Touriga-Franca. Retinto e violáceo. Impressionante concentração de fruta madura, cacau e aromas de esteva e pinhal. Boca mastigável, muito conversadora. Qualidade impressionante para o preço. Selecionado em edições anteriores.

Quinta do Infantado, Ruby	Ruby
5-10 € Quinta do Infantado	
19,5%	n.d.	DOC Porto

87 PTS

Lote com Touriga-Franca. Retinto e violáceo. Impressionante concentração de fruta madura, cacau e aromas de esteva e pinhal. Boca mastigável, muito conversadora. Qualidade impressionante para o preço. Selecionado em edições anteriores.

VINHOS FORTIFICADOS

Ramos Pinto, Lágrima, Tinto	Ruby
5-10 € Adriano Ramos Pinto Vinhos	
19,5%	n.d.	DOC Porto

Lote com Touriga-Franca. Água intensa de granada. Vinosidade antes de fruto vermelho e notas seivosas vegetais. Doce e alongado, com tanino salivante muito grato.

 85 PTS

Ramos Pinto, Ruby	Ruby
5-10 € Adriano Ramos Pinto Vinhos	
19,5%	n.d.	DOC Porto

Lote com Touriga-Franca. Cor média de granada. Nota medicinal antes de compota de ameixa e frutos vermelhos. Nota caramelizada e herbal. Estruturado, rico, de longa presença. Selecionado em edições anteriores.

 86 PTS

Sandeman, Fine Ruby	Ruby
5-10 € Sogrape Vinhos	
19,5%	n.d.	DOC Porto

Lote com Touriga-Franca. Cor granada média, ainda carmim. Ameixa liderando a fruta madura, com caramelo e nota de violeta. Denso, algo rugoso, alongado. Selecionado em edições anteriores.

 84 PTS

Adega Vila Real, Tawny	Tawny
5-10 € Adega Vila Real	
19%	n.d.	DOC Porto

Lote com Touriga-Franca. Cor aberta de topázio. Frutos secos com muita madeira abaunilhada. Aromas de qualidade e boa evolução, notas de pudim de caramelo. Boca aveludada, longa, de surpreendente dimensão, para um vinho económico. Selecionado em edições anteriores.

 86 PTS

Barros, Tawny	Tawny
5-10 € Sogevinus Fine Wines	
19%	n.d.	DOC Porto

Lote com Touriga-Franca. Cor topázio com leve nota esverdeada. Madeiras exóticas, caramelo, doce de ovo e especiaria intensa, lembrando caril, licores herbais sobre pera e maçã assada. Elegante, alongado. Conversador. Premiado com Medalha de Prata no Concurso Uva de Ouro 2019. Selecionado em edições anteriores.

 85 PTS

VINHOS FORTIFICADOS

Barros, Tawny Reserve	Tawny
10-15 € Sogevinus Fine Wines	

19,5%   n.d. | DOC Porto

87 PTS

Lote com Touriga-Franca. Cor topázio média. Frutos secos, elixir herbal com especiarias de boa tosta, nota seivosa bem domada. Fresco, lavante, com notas de amargor a dominarem a curta doçura.

Burmester, Jockey Club, Tawny Reserve	Tawny
10-15 € Sogevinus Fine Wines	

19,5%   n.d. | DOC Porto

87 PTS

Lote com Touriga-Franca. Cor topázio média. Frutos secos, elixir herbal com especiarias de boa tosta, nota seivosa bem domada. Fresco, lavante, com notas de amargor a dominarem a curta doçura.

Burmester, Tawny	Tawny
5-10 € Sogevinus Fine Wines	

19,5%   n.d. | DOC Porto

85 PTS

Lote com Touriga-Franca. Cor topázio com leve nota esverdeada. Madeiras exóticas, caramelo, doce de ovo e especiaria intensa, lembrando caril, licores herbais sobre pera e maçã assada. Elegante, alongado. Conversador. Selecionado em edições anteriores.

Cálem, Special Reserve	Tawny
5-10 € Sogevinus Fine Wines	

19,5%   n.d. | DOC Porto

87 PTS

Lote com Touriga-Franca. Cor topázio média. Frutos secos, elixir herbal com especiarias de boa tosta, nota seivosa bem domada. Fresco, lavante, com notas de amargor a dominarem a curta doçura.

Cálem, Velhotes, Special Reserve	Tawny
5-10 € Sogevinus Fine Wines	

19,5%   n.d. | DOC Porto

89 PTS

Lote com Touriga-Franca. Cor topázio média. Mistura feliz de bagos negros alicorados com frutos secos, especiarias. Nota de caruma e seiva refrescantes. Espesssura lavante de um híbrido entre elegância dos estágios e a rugosidade de um bom ruby.

VINHOS FORTIFICADOS

19,5%   n.d. | DOC Porto

Lote com Touriga-Franca. Cor granada aguada, leve nuance ambarina. Madeiras exóticas, caramelo, especiaria intensa, lembrando caril, licores herbais e de fruto ainda vermelho. Maçã assada. Cremoso, alongado. Final algo salivante. Selecionado em edições anteriores.

19,5%   n.d. | DOC Porto

Lote com Touriga-Franca. Topázio aberto. Citrinos em licor de ginja e ameixa. Nota de madeiras especiadas e muito fruto seco. Elegante, frescura bem desenhada. Alongado. Selecionado em edições anteriores.

19,5%   n.d. | DOC Porto

Lote com Touriga-Franca. Topázio aberto. Citrinos em licor de ginja e ameixa, nota de madeiras com especiarias e muito fruto seco. Elegante, frescura bem desenhada. Alongado. Qualidade impressionante para o preço. Selecionado em edições anteriores.

19,5%   n.d. | DOC Porto

Lote com Touriga-Franca. Cor média a aberta de granada, com leve ambarino. Frutos secos, muitas especiarias e caramelo, doce de ovos. Rico. Cremoso, elegante, superior. Selecionado em edições anteriores.

19,5%   n.d. | DOC Porto

Lote com Touriga-Franca. Granada médio a aberto, tons acastanhados. Especiarias, licores de matos e ameixa, leve nota de malva. Arqueado, frescura grata, texturas lavantes, aptas para queijos. Selecionado em edições anteriores.

VINHOS FORTIFICADOS

Croft, Tawny		Tawny
5-10 €	Quinta Vineyard Bottlers	
19,5%		n.d.	DOC Porto

86 PTS

Lote com Touriga-Franca. Cor média a aberta de granada. Frutos secos, café, frutos vermelhos alicorados. Rico. Cremoso, elegante. Superior. Selecionado em edições anteriores.

Cruz, Special Reserve		Tawny
5-10 €	Gran Cruz	
19%		n.d.	DOC Porto

87 PTS

Lote com Touriga-Franca. Cor topázio com leve nota esverdeada. Madeiras exóticas, caramelo, doce de ovo e especiaria intensa, lembrando caril, licores herbais sobre pera e maçã assada. Cremoso, alongado. Conversador. Compra segura. Selecionado em edições anteriores.

Dow's, Fine Tawny		Tawny
5-10 €	Symington Family Estates	
19,5%		n.d.	DOC Porto

82 PTS

Lote com Touriga-Franca. Cor granada aberta. Espirituoso, licor de ameixa, groselha e esteva. Nota de fruto seco e especiaria. Tato lavante, algo impositivo, muito persistente e sem desmaios. Selecionado em edições anteriores.

Graham's, Fine Tawny		Tawny
5-10 €	Symington Family Estates	
19,5%		n.d.	DOC Porto

80 PTS

Lote com Touriga-Franca. Topázio aberto. Canela em licor de ginja e ameixa, nota de madeiras. Elegante, frescura bem desenhada. Alongado. Selecionado em edições anteriores.

Kopke, Fine Tawny		Tawny
5-10 €	Sogevinus Fine Wines	
19,5%		n.d.	DOC Porto

86 PTS

Lote com Touriga-Franca. Topázio aberto e ambarino. Evolução grata de ovo, canela e caramelizados, amêndoas entre frutos secos. Nota iodada refrescante. Elegante, frescura bem desenhada. Conversador, amplo na mesa, grato a solo. Superior. Selecionado em edições anteriores.

VINHOS FORTIFICADOS

Offley, Tawny	Tawny
5-10 € Sogrape Vinhos	

19,5%   n.d. | DOC Porto

Lote com Touriga-Franca. Granada aberto, ainda carmim. Frutos vermelhos em licor, frutos secos em figo, chocolate branco e caramelizados. Cremoso, guloso, final refrescante e de forte poder lavante. Gastronómico. Selecionado em edições anteriores.

Réccua, Reserva Especial	Tawny
5-10 € Caves Vale do Rodo	

19,5%   n.d. | DOC Porto

Lote com Touriga-Franca. Cor aberta de topázio. Muito fruto seco, nota algo marcante de madeira, vinagrinho suave, doce de ovos, especiaria e caramelo. Rico. Elegante, muito persistente, superior no estilo tawny e uma compra acertada. Selecionado em edições anteriores.

Réccua, Tawny	Tawny
5-10 € Caves Vale do Rodo	

19,5%   n.d. | DOC Porto

Lote com Touriga-Franca. Cor aberta de granada. Ainda vinoso, com nuance de doce de ovos, canela e frutos secos, licor de ameixa e esteva. Firme, acerto agridoce, alongado e sem desmaios. Selecionado em edições anteriores.

Alambre, Moscatel Roxo, 5 Anos	Tinto
5-10 € José Maria da Fonseca Vinhos	

17,5%   5 anos | DOC Setúbal

Moscatel-Roxo. Ambarino médio. Especiarias com a frescura cítrica, notas de caramelo entre tostados, nuance floral e tropical. Fresco, longo, salivante, espessura elegante e sem desmaios.

Contemporal, Moscatel Roxo (50 cl)	Tinto
5-10 € Continente	

19,5%   2011 | DOC Setúbal

Moscatel-Graúdo. Água intensa ambarina, nuance acobreada. Casca cítrica em mel, leve nota de líchia, eucalipto, rosa e doce de ovo. Intensidade rica. Boa dimensão mastigável, cremoso, alongado. Prazeroso. Premiado com Medalha de Ouro no Concurso Uva de Ouro 2019. Selecionado em edições anteriores.

TOP 100
OS MELHORES ENTRE OS MELHORES

VINHOS EFERVESCENTES

Branco

Quinta do Poço do Lobo, Arinto
 & Chardonnay, Bruto Natural **40**
Terras do Demo **41**

Rosé

Murganheira, Bruto **42**

VINHOS TRANQUILOS

Branco

MINHO E VINHO VERDE
Adega de Ponte da Barca, Loureiro
 & Alvarinho **52**
Adega de Ponte da Barca,
 Loureiro **53**
Aromas das Castas, Alvarinho & Loureiro,
 Grande Escolha **54**
Aveleda, Solos de Granito,
 Alvarinho **55**
Aveleda, Solos de Xisto,
 Alvarinho **56**
Aveleda, Loureiro e Alvarinho **57**
Casa de Vila Verde, Loureiro,
 Grande Escolha **58**
Soalheiro, Granit, Alvarinho **59**
Torre de Menagem, Alvarinho
 & Trajadura **60**

BAIRRADA E BEIRA ATLÂNTICO
Regateiro, Reserva **74**

LISBOA
Casa das Gaeiras **82**
Casa Santos Lima, Reserva **83**
Morgado de Bucelas, Arinto **84**

TRÁS-OS-MONTES
Quinta do Sobreiró de Cima,
 Gewürztraminer & Sauvignon Blanc **110**
Quinta do Sobreiró de Cima,
 Reserva **111**

DOURO E TÁVORA-VAROSA
Altano, Reserva **122**
H.O., Reserva **123**

DÃO
Cabriz, Reserva **141**
Fonte do Ouro, Encruzado,
 Reserva Especial **142**
Opta, Encruzado **143**
Pedra Cancela, Reserva **144**
Quinta do Vale, Premium **145**

BEIRA INTERIOR
Convento d'Aguiar, Reserva **163**
Pinhel, Síria, Grande Escolha **164**

TEJO
Conde Vimioso, Reserva **174**
Quinta da Atela, Valwine **175**

TOP 100: OS MELHORES ENTRE OS MELHORES

DÃO
Adega de Penalva, Reserva **147**
Cabriz, Reserva **148**
Fonte do Ouro, Reserva **149**
Pedra Cancela, Reserva **150**

BEIRA INTERIOR
Quinta dos Termos, Vinhas Velhas, Reserva **165**

TEJO
Cabeça de Toiro, Reserva **176**
Conde Vimioso, Reserva **177**
Quinta da Alorna, Touriga-Nacional & Cabernet Sauvignon, Reserva **178**
Quinta do Côro, Syrah & Touriga-Nacional **179**

PENÍNSULA DE SETÚBAL
Adega de Pegões, Colheita Selecionada **199**
Dona Ermelinda, Reserva **200**
Rovisco Pais, Premium **201**

ALENTEJO
Adega de Borba, Reserva **227**
Bojador, Reserva **228**
Cinco Forais, Reserva **229**
Herdade do Rocim **230**
Monsaraz, Alicante Bouschet **231**
Monsaraz, Reserva **232**
Pêra Doce, Signature **233**
Poliphonia, Reserva **234**
Quid Pro Quo, Reserva **235**
Ravasqueira, Reserva da Família **236**
Reguengos, Reserva **237**
Talha Real, Premium **238**
Vale das Mouras **239**

ALGARVE
Lagoa, Premium **282**

VINHOS FORTIFICADOS

Ruby

Cockburn's, LBV (Late Bottled Vintage) **290**
Dow's, LBV (Late Bottled Vintage) **291**

PENÍNSULA DE SETÚBAL
Adega de Pegões, Colheita
　Selecionada **192**
Dona Ermelinda, Reserva **193**
Herdade de Gâmbia **194**
Quinta de Camarate, Seco **195**
Sobreiro de Pegões, Premium **196**
Vinha da Valentina, Premium **197**

ALENTEJO
Adega de Borba, Premium **213**
Adega de Borba, Reserva **214**
Castelo de Borba, Reserva **215**
Foral d'Évora, Colheita **216**

Herdade de São Miguel,
　Colheita Seleccionada **217**
Herdade do Rocim **218**
Honrado, Vinho de Talha **219**
Marquês de Borba, Vinhas Velhas **220**
Monte da Capela, Verdelho **221**
Quinta da Fonte Souto **222**
Régia Colheita, Reserva **223**
Vidigueira, Antão-Vaz **224**

ALGARVE
Euphoria **280**
Villa Alvor, Sauvignon Blanc **281**

Rosé

LISBOA
Colossal, Reserva **85**

DOURO E TÁVORA-VAROSA
Murganheira **124**

DÃO
Casa Américo **146**

PENÍNSULA DE SETÚBAL
Vinha da Valentina, Premium **198**

ALENTEJO
Comenda Grande **225**
Herdade de São Miguel, Colheita
　Seleccionada **226**

Tinto

MINHO E VINHO VERDE
Tojeira, Premium **61**

LISBOA
Adega da Vermelha,
　Grande Reserva **86**
Colossal, Reserva **87**
Monte Judeu, Touriga-Nacional **88**
Palha Canas **89**
Quinta de S. Francisco **90**
Quinta de S. Sebastião, Colheita **91**
Quinta do Boição, Reserva **92**

TRÁS-OS-MONTES
Quinta das Corriças, Tinta-Amarela **112**
Quinta das Corriças, Reserva **113**
Valle Pradinhos, Reserva **114**

DOURO E TÁVORA-VAROSA
Altano, Reserva **125**
Manoella **126**
Pombal do Vesúvio **127**
Prazo de Roriz **128**
Vale D. Maria, Douro Superior **129**
Zom, Reserva **130**